绩效飞轮

方永飞——著

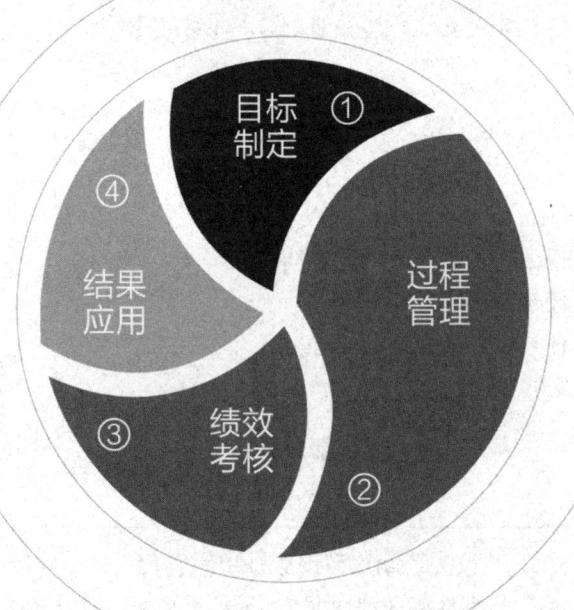

① 目标制定
② 过程管理
③ 绩效考核
④ 结果应用

廣東旅游出版社
GUANGDONG TRAVEL & TOURISM PRESS
悦读书·悦旅行·悦享人生

中国·广州

图书在版编目（CIP）数据

绩效飞轮 / 方永飞著 . -- 广州：广东旅游出版社，2023.6
ISBN 978-7-5570-3028-5

Ⅰ.①绩… Ⅱ.①方… Ⅲ.①企业绩效 Ⅳ.①F272.5

中国国家版本馆 CIP 数据核字（2023）第 064347 号

出　版　人：刘志松
责任编辑：张晶晶　陈思韵
责任校对：李瑞苑
责任技编：冼志良

绩效飞轮
JIXIAOFEILUN

广东旅游出版社出版发行
（广州市荔湾区沙面北街 71 号　邮编：510130）
印刷：北京晨旭印刷厂
（北京市密云区西田各庄镇西田各庄村北京晨旭印刷厂）
联系电话：020-87347732　　邮编：510130
787 毫米 ×1092 毫米　16 开　16.5 印张　137 千字
2023 年 6 月第 1 版　2023 年 6 月第 1 次印刷
定价：68.00 元

［版权所有　侵权必究］
本书如有错页倒装等质量问题，请直接与印刷厂联系换书。

目录

绪　论　//01

1 拥有战略思维

透过现象看本质——总结规律　// 003

瑞幸咖啡案例中的启发——数据咖啡　// 003

百丽案例中的启发——数据服务平台　// 005

李宁公司复苏的原因——数字化改造　// 007

企业获得成功的关键——数字化战略　// 010

战略与战术——升维认知才能降维打击　// 017

战略是什么　// 017

战略如何选择　// 021

升维认知才能降维打击　// 025

企业可持续发展的四大战略　// 028

企业的差异化战略　// 028

企业的规模化战略　　// 033
企业的平台化战略　　// 034
企业的社会化战略　　// 037

2　BLM 模型的战略共识：领先战略

认识 BLM 模型的战略工具　　// 043
对 BLM 模型的基本认识　　// 043
《隆中对》中的战略分析　　// 045

领先战略——战略意图　　// 047
"三把钥匙和一个钥匙环"　　// 047
领先战略中的企业目标和愿景　　// 050

领先战略——市场洞察　　// 053
市场洞察的三个角度　　// 054
SWOT 分析——细分市场的策略及目标　　// 055

领先战略——创新焦点　　// 057
创新焦点的角度一：未来业务组合　　// 058
创新焦点的角度二：模式创新　　// 061
创新焦点的角度三：资源利用　　// 062

目 录

领先战略——业务设计 // 063
客户选择 // 063
价值主张 // 064
价值获取 // 065
活动范围 // 065
战略控制 // 066

领先战略的根本与陷阱 // 068
V+ 模式：企业转型的"战略地图"和"实施路径" // 068
令人振奋的前景 // 069
领先的根本：职业化创业精神 // 071
领先战略的三大陷阱 // 072

3 BLM 模型的战略执行：关键任务

了解关键任务基本思想 // 078
关键任务的五个定义 // 078
关键任务如何识别 // 079
价值创造流程 // 081
优秀关键任务的特征 // 083

战略盘点与战略规划 // 084
企业要做的三大盘点 // 084
战略规划的重要性 // 085

战略规划示例　　// 087
  年度战略规划方案架构　　// 089
  运用工具进行战略解码　　// 096

4　BLM模型的战略执行：正式组织

组织理论的发展——从古典组织理论到现代组织理论　// 105
  组织与组织理论的发展　　// 105
  历史上的四次管理革命　　// 107
  世界500强企业中的六家案例企业特征对比　　// 111

组织才是战略到执行的关键　　// 113
  组织的内涵　　// 113
  压强原则与力出一孔　　// 116
  组织熵理论　　// 117

组织的设计与运营　　// 119
  谁是组织的操盘手　　// 119
  组织行为学的应用　　// 121
  企业发展的软实力　　// 128
  中小企业正式组织搭建关键按钮　　// 129
  组织能力　　// 146

目 录

互联网时代的组织管理　// 148
　　互联网时代组织的变化　// 148
　　互联网时代组织的运营模式　// 150
　　组织中的人力资源管理发展　// 157
　　开放的组织——正式组织、非正式组织与自组织　// 160

组织发展新趋势　// 164
　　背景分析：组织发展面临的考验与挑战　// 164
　　变革路径：不同阶段的组织建设与框架搭建　// 165
　　重塑组织：未来的组织形态　// 171
　　突破边界：社会化思维的组织建设　// 173

5　BLM 模型的战略执行：人才管理

战略落地与组织变革的关键在于可靠的人　// 179
　　人才管理的三大核心　// 179
　　好员工才是公司最重要的财富　// 181

人才发展的数字化变革与应用趋势　// 183
　　中国人才发展现状　// 183
　　不要求"996"，一样市值1万亿　// 184
　　数字化人才发展趋势　// 187
　　企业员工的敬业指数　// 191
　　企业数字化人才转型方向　// 192

人力资源变革推动新组织赋能　// 196
　　人力资源现状分析　// 196
　　云南某企业人力资源"十宗罪"　// 199
　　HR 在任何组织中都应该是二号人物　// 203
　　国内 HRBP 的三种成功模式　// 206
　　人力资源部消失，首席组织官崛起　// 210
　　干部与机制　// 212

6　BLM 模型的战略执行：文化与氛围

文化与氛围对企业绩效的影响　// 223

闻出团队味道的方法　// 224
　　衡量组织文化的两大维度　// 224
　　文化氛围的四大类型　// 225
　　调试组织氛围的四个杠杆　// 226

文化建设四步法　// 228
　　企业文化梳理与提炼　// 228
　　企业文化形象与表现　// 230
　　企业文化宣传与考核　// 230
　　企业文化持续与升华　// 231

目 录

7 BLM 模型的战略准则：领导力和价值观

领导力 // 236
  领导力的内涵 // 236
   成功领导力的风格 // 237
  情境领导理论 // 238

企业的价值观——保持初心 // 243

绪 论

绩效飞轮是一套有关企业绩效管理的系统工具，因为简单实用，成为目前最适合民营企业的管理工具之一，被很多民营企业推崇和应用。在绩效飞轮的实施过程中，有一个重要的步骤贯穿始终，那就是企业战略的制定。战略是这套系统工具在企业中成功发挥作用的关键，需要企业有足够的重视。

在这本书中，我也将围绕企业战略进行展开，和大家讨论有关战略的各种问题，包括如何拥有战略思维、领先战略的特点、如何通过 BLM 模型执行企业战略等。

下面，让我们从 BLM 模型开始，逐步了解企业战略是什么，又该如何正确实施。

BLM，全称 business leadership model，即业务领先模型，业界俗称"别乱摸"，是一套比较完整的战略规划方法论，从差距分析到顶层设计，再到执行落地，提供了一套可循环的战略规划工具。

绩效飞轮

BLM 模型是 IBM 公司（国际商业机器公司）在 2003 年与美国某商学院一起创造出来的。不仅 IBM、华为等企业在使用 BLM 模型，其他知名企业，如顺丰、TCL、用友、金蝶等，对 BLM 模型也有不同程度的应用。其中，华为对 BLM 模型的应用深度与广度最高，远远超过了其他企业，除了将 BLM 模型应用于战略层面外，还把各个模块巧妙地融合进企业的运营过程中，形成了各层级自己的战略和组织管理的年度循环。

下面，我们来看一下 BLM 模型的官方构成图。

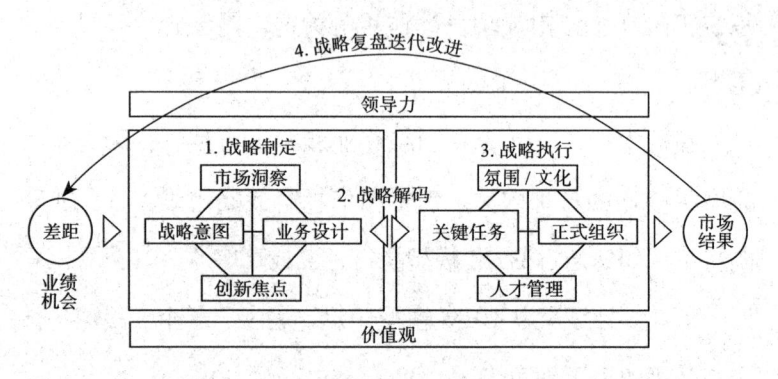

BLM 模型的官方构成图

由上图可知，BLM 模型主要分四个部分的内容。第一部分是**领导力**，关注的是企业领导力如何驱动企业内部的转型和发展。第二部分是**价值观**，这是为企业战略兜底的内容。

绪 论

中间的两部分内容被称为**战略制定**和**战略执行**，是BLM模型中最重要的内容，企业既要有好的战略设计，也要有非常强的执行能力。没有彻底执行，再好的战略也会落空，但执行不能是空谈，而是需要企业用具体内容填充出来。战略制定与战略执行一起，构成了企业战略管理。企业战略管理贯穿企业运营的全部环节，涉及企业的目标选择、步骤设计、具体实施、后续评价等过程。

由此，BLM模型组成了一个完整的企业战略循环过程，从顶层设计到落地执行，从效果反馈到优化更新，环环相扣。BLM模型从差距分析中发现企业生存发展的机会与破局点，结合市场洞察与战略意图制定战略，进行业务设计，提炼创新焦点，通过战略解码，将战略分解成关键任务，再通过组织、人才、文化、氛围等保障战略的执行。当战略周期结束之后，企业又可以通过BLM模型对战略进行复盘、改进，如此循环迭代。即：

战略共识→战略解码→战略执行→战略复盘

BLM模型在企业执行落地时主要分以下三个步骤：

第一步，一致性分析：避免结构性内耗。

第二步，对标提升：有章可循，少走弯路。

第三步，一体化落地：同频共识，力出一孔。

通过这些步骤，企业就可以从野路子经营的模式逐步转变为科学经营的模式。

需要注意的是，企业在执行BLM模型时，需要提前把战略制定和执行中各部分的关联及互相影响分清楚。本书也将对BLM模型中的重点内容进行详细讲解，帮助企业更好地运用BLM模型制定最合适自己的战略。

以下列出的是对BLM模型中八个黄金法则的初步总结，也是本书将要重点讲解的内容，分为战略意图、市场洞察、创新焦点、业务设计、关键任务、正式组织、人才管理、文化与氛围。

战略意图是战略制定的起点。企业的战略规划源于企业领导者对未来的思考与愿景，一个没有梦想或者愿景的企业就只能混吃等死。

市场洞察的能力决定了企业战略制定的深度。市场洞察可以帮助企业梳理行业环境，分析市场竞争、客户需求的情况，预测市场未来的趋势变化，未雨绸缪，做出具有前瞻性的战略规划。

把创新作为战略制定的焦点来获得更多的思路和经验。好的创新体系是企业与市场进行同步的探索和实验，而不是独立于市场之外的闭门造车。

战略制定要归结到业务设计中。业务设计其实跟商业模式画布有异曲同工之妙,需要企业思考自己的价值主张是什么,如何获取与利用资源,如何连接产品和服务、客户、市场、渠道,厘清企业的盈利模式与成本结构。

关键任务的设定统领并指导战略执行的细节。根据战略规划,企业可以总结提炼出企业或部门未来某段时期的工作重点,以此对战略执行细节有所指导。

正式组织是战略执行的保障。关键任务的完成需要相应的组织结构、管理制度、管理系统以及考核标准的保障,否则执行的结果就会大打折扣。

人才管理是战略执行的重要前提条件。人才要有相应的技能去完成战略执行。对人才、技能等需求的发掘和培养,是企业战略能够顺利执行下去的重要前提条件。

文化与氛围提供了战略执行所需要的精神环境。文化与氛围在无形中对员工起着导向、规范、凝聚、激励的作用,是企业向前发展的重要推手。

1

拥有战略思维

透过现象看本质——总结规律

■ 瑞幸咖啡案例中的启发——数据咖啡

瑞幸咖啡，曾经用了不到 18 个月的时间，就达到了接近 60 亿美元的市值。它是怎么做到的呢？

和其他历史悠久的咖啡品牌相比，瑞幸咖啡诞生于 2017 年 10 月，存在的时间并不长，从开的第一家门店算起，仅仅用了一年多的时间，就在 2019 年 5 月 17 日成功上市。虽然瑞幸咖啡没过多久就被浑水公司做空，于 2020 年 6 月 29 日退市，但瑞幸咖啡能在短时间内获得如此大的成功，所用的一些方法和手段还是很值得企业家思考和借鉴的。

瑞幸咖啡正式开第一家店的时间是2017年下半年，但是其实早在2016年年中就已经组织了一个有数百人参与的技术团队，开发了具有针对性的全套信息系统。瑞幸咖啡用数字化和物联网技术，对传统咖啡经营中的各个环节进行了大刀阔斧的技术改造。所以，瑞幸咖啡除了是一家卖咖啡的公司外，也是一家优秀的数据技术应用公司。

瑞幸咖啡在对传统咖啡经营模式和环节进行充分调查与研究后，认为原有的模式已经不能满足现在的顾客需求，所以决定创造一个全新的商业模式，并成功打造出了"数字咖啡"的概念。在瑞幸咖啡的门店里，绝大部分的点单流程都是在APP上完成的，这是瑞幸咖啡颠覆传统门店的第一步。

一杯咖啡原材料的成本并不算太高，把咖啡豆、牛奶、砂糖、杯子等全部算下来，大概在4元到5元。瑞幸咖啡2019年第一季度单杯成本约为13元，这其中包括了运营成本。传统咖啡门店的单杯分摊成本中租金大概占10元，瑞幸咖啡只需要1元到2元。此外，瑞幸咖啡还使用了新的商业推广模式，成功地把获取新用户的成本从2018年第一季度的103.5元，降到了2019年第一季度的16.9元。通过这些方法，瑞幸咖啡成功降低了成本，在制定咖啡单杯价格时有足够的底气和对手打价格战。

2022年4月11日，瑞幸咖啡宣布，其金融债务重组成功完成，公司正式结束作为债务人的破产保护程序。自此，瑞幸咖啡已经全面解决了历史遗留问题，回归到正常公司的状态。截至2022年6月，瑞幸咖啡全国门店数已突破7000家。这足以说明，在数字技术的加持和帮助下，之前的退市虽然对瑞幸咖啡有一些影响，但并没有彻底打败它。

这就是基于数字化的企业的魅力所在。后来的很多品牌餐饮店都参考了瑞幸咖啡的数字化系统，改变了传统的管理模式。所以，瑞幸咖啡的数字化策略和资本补贴战略，可以算是取得了巨大的成功。我们从瑞幸咖啡的例子，看到了一个基于数字化的信息技术产生的新商业形态，为企业未来的战略管理提供了一个全新的发展方向。

■ 百丽案例中的启发——数据服务平台

"凡是女人路过的地方，都要有百丽。"当年百丽喊着这样霸气的口号，开启了线下渠道扩张史。在2011年开店最为"疯狂"的日子里，百丽平均每天都会新开2~3家店铺。后来，随着线上购物的迅速发展，线下销售的形势发生了惊人的转变。百丽也没有逃过线下店的衰落，到2017年7月27日，百丽正式从港交所退市。

面对退市的困难场景，百丽并没有彻底放弃，而是转变战略，顺势而为，放弃过去完全以线下店为主的打法，建成数据服务平台，使公司的业绩重新抬头。"今年双十一，我们有12000家店参与到其中，线上线下已经打通了。"2018年的百丽国际执行董事李良表示，百丽庞大的线下零售网络通过数据化赋能，成为转型重要的助推力，2018年双十一，百丽旗下鞋、体、服三大业务线上销售突破9.68亿元，仅1小时53分就超越了2017年的全天成交量，同比增长高达71%，同期线下销售增长也超过了18%，创下单日销售额的新纪录。在天猫时尚鞋靴行业前10名中，百丽旗下品牌占据5席，鞋类业务牢牢占据鞋靴行业第一，运动业务线上销售同比增加110%。

这之后的几年，百丽不断完善自己的数据服务平台，使企业的战略更加清晰，获得的成绩也越来越好。2021年双十一，百丽的业绩再创新高，截至11月11日24点，百丽的鞋服业务线上销售额累计21亿元，同比增长16%，实现了连年的高质增长。

百丽取得这样优秀的成绩，与其数字化改革密不可分。通过数字化分析行业现状后，百丽转变了之前的营销思路，改为年轻化营销，逐步转变百丽产品在年轻消费者眼中的认知。比如，百丽在某年双十一就联合同道大叔，从年轻人热衷的星座社交命题切入，以"变·成自己"为主题，通过视频MV、地铁宣传、朋友圈广告等推广方式，打造出TD12星座天团，为其产品做"代言"推广大使，成功吸引到了不少年轻的消费者。

百丽还尝试运用数字化技术收集数据，比如通过鞋内植入RFID芯片，捕捉消费者的试穿数据，通过每双鞋被消费者拿起查看、试穿的次数，以及后续是否产生购买行为等数据，分析产品的销售情况，总结出产品的优缺点，并对产品的设计等进行相对应的改进。

此外，百丽也积极与阿里巴巴新零售平台事业部合作，将100多家门店进行了线上线下打通，等双方再次合作时，参与的门店达到了1000家，有5000名导购参与其中，利用钉钉加手机淘宝，百丽新增168万位线下粉丝。百丽成功使用数字化完善了自己的系统，形成了一体化的电商模式，从而实现了货品、会员、服务的"三通"。

■ 李宁公司复苏的原因——数字化改造

李宁公司的品牌从诞生开始就备受人们的关注，但发展并不是一帆风顺，而是经历了诸多曲折。李宁公司主要经历了四个发展阶段,分别是起始期、增长期、转型期和复苏期。下面我们来看一下李宁公司四个发展阶段的情况,并具体分析一下最终得以复苏的主要原因。

李宁公司在创建之初,受益于国家市场经济化政策及国内大型体育赛事的大力推广,发展很顺利,品牌知名度也逐渐增强,为日后的增长期储备了足够的能量。

之后,李宁公司顺理成章地进入第二个发展阶段——增长期。在增长期,李宁公司继续大步前进,并且开始走向国际市场,在2004年成为第一家在港交所成功上市的内地体育用品公司。这件事标志着李宁公司的品牌正式转向国际市场。这时,李宁公司开始在国内外同时发力。一方面,李宁公司尝试与国外的大型体育赛事(比如NBA,美国职业篮球联赛)合作,在不同的细分领域推出了更为专业的运动装备。另一方面,李宁公司也没有停下在国内市场的扩张脚步,主要是通过经销渠道的扩张,带动营收方面的增长。据相关数据统计,到2008年止,李宁公司的经销商个数从2272个提升到了7333个,经销渠道同店收入及直营同店收入增长率达到的峰值分别为53.1%和48.4%。李宁公司在营销上的扩张型战略,使其一直保持国产运动品牌第一的高位,并且市占率超越阿迪达斯,成为全国第二。

李宁公司也随之到达了顶峰，顶峰过后，就开始走下坡路。李宁公司进入第三个发展阶段——转型期。由于在品牌转型时定位模糊，加上一直使用的粗放式营销已经不能适应新的商业环境，李宁公司连年亏损。与此同时，运动品牌的外部环境也开始发生变化，其他国产品牌像特步、安踏、361度等纷纷崛起，使李宁公司的处境愈加艰难。

面对内外交困的局面，李宁公司开始寻求改变，进入发展的第四个阶段——复苏期。在复苏期，李宁公司主动做出改变，加强自身的品牌定位，同时开始运用数字化技术，改变企业的管理方式和营销手段，收到了不错的效果，使公司成功脱离危机，重新走上正轨。

李宁公司得以复苏的最大功臣就是数字化改造，这个改造使其成功转型成"互联网＋运动生活体验提供商"。李宁公司采取"单品牌、多品类"的营销战略，以李宁为主品牌，同时涉足更多的专业体育领域，形成了比较完善的品牌多元组合。在传播推广方面，李宁公司转变思路，力求改善不良的销售环境。第一，优化渠道结构，对线下门店渠道进行适当精简，并大力发展线上电商渠道。第二，积极布局数字营销模式，和更多的新媒体公司合作，运用最新的运营技术推广产品和品牌文化，成功地使李宁公司和"潮流""国货"这些符号紧密联系在一起。由此，形成了一条完整的线下线上推广链。

■ 企业获得成功的关键——数字化战略

（1）"+数字化"与"数字化+"

企业在制定数字化战略时，一般会分成下面两种情况考虑，即"+数字化"与"数字化+"。二者虽然表述方式很像，实际上有很大的区别，主要体现在："+数字化"是在原有结构或系统的基础上，应用数字化技术，使原有结构或系统更加完善；"数字化+"则是先设计出适合企业的数字化技术平台，之后把合适该平台的结构或系统加入进来。

也就是说，把数字化当作工具，对企业传统的业务流程、业务模式进行渐进式变革的，属于"+数字化"，数字化起到的作用是改进企业原有的战略模式，加强企业的竞争力，大多数传统行业都适合这种改造模式；把数字化当作企业核心业务，创造新业态、新业务模式的，属于"数字化+"，数字化在这方面起到的主要作用是颠覆，像游戏、新闻（广告）、零售、电商等企业，如果不用数字化战略，基本上逃不过被赶超的命运。

1 拥有战略思维

当然，不管是"+数字化"，还是"数字化+"，都是对企业战略的数字化改造，需要企业根据自己的实际情况进行正确选择。目前，全球的数字化市场都呈现出了高度开放的趋势，与此同时，中国很多中小型企业的管理模式并没有跟着进行转变，使用的依然是旧工业时代的管理产物。这些企业没有及时调整战略和政策，为此付出了惨重的代价，失去了灵活变通的能力，在变革中的处境岌岌可危。为了避免遇到类似的困境，企业需要在管理上谋求创新，使组织纪律和数字战略相互包容，使企业管理变得适应力更强、运营效率更高。

企业在面临用"+数字化"还是"数字化+"的战略选择时，可以通过下面两个问题入手：

第一，数字化对于企业来说，是工具还是目的？

第二，数字化对企业产生的作用，是改进还是颠覆？

我前面讲到的瑞幸咖啡，就是典型的"数字化+"企业，也是一家新生的数字化原生企业。数字化就是目的，对企业战略产生的效果也是颠覆性的。而后面讲到的百丽和李宁公司，则是通过"+数字化"的改革模式，运用数字化工具改进其比较落后的战略，并成功完成转型。相比之下，"+数字化"的应用范围更加广泛，尤其是实体经济、传统产业所拥有的巨大的存量优势，是经济转型和升级的重兵。这些行业里的企业如果能成功通过"+数字化"启动这支重兵，就能让企业转型的步伐走得更快、更稳。

我们通过瑞幸咖啡和百丽、李宁公司的对比可以看出，"数字化+"表明企业数字化战略的背后要有庞大的技术团队作为支持。而"+数字化"代表企业可以利用自己现有的数字化平台或互联网平台来提高效率，降低成本。很多中小型企业看到瑞幸咖啡等企业的"数字化+"获得巨大成功后，也想一步到位，直接在企业内推行"数字化+"。这样做其实是非常危险的，因为"数字化+"需要足够的资本和技术支持。其实，"+数字化"才是大多数中小型企业，尤其是小微型企业进行数字化改造的不二选择。

举个例子，某家企业想要对业务模块进行数字化改革，那么业务数字化就是运用一些现有的数字化工具和技术来为业务发展赋能。但是数字化业务完全不一样，数字化业务首先要用数字化的思维重构企业商业模式，之后再用数字化的底层逻辑去驱动，使企业的业务效率超越行业效率。

可见，企业想要顺利实施数字化战略并不容易，在正式选择前，企业必须对"+数字化"和"数字化+"战略有一个基础的认知，这样才能思考应该如何转型。

（2）企业数字化战略转型推动企业价值体系重构

企业实施数字化战略的最核心的本质，是利用数字"复制、链接、模拟、反馈"的优势来实现企业的转型升级。所以，数字化本身不是目的，转型升级才是。数字化是对数据的传输、整理、分析、计算和应用，本身没有什么额外的价值。企业在进行数字化转型以后，赋能经营节点，进行开源节流，提效才有价值。就比如 CRM（Customer Relationship Management，客户关系管理）系统，仍然是数字化 SaaS（Software as a Service，软件即服务）里面的优先选项，因为它跟企业的业务模块高度关联，可以帮助企业更好地转型，所以才被格外重视。

企业数字化转型的核心任务，是做企业价值体系的优化、更新和重塑。这种价值体系的重构对于推动企业的健康发展是非常有价值的。比如，从企业价值的角度来讲，进行数字化转型，企业就可以把原有的一些卖方市场的价值主张转变成买方市场的价值主张。首先，从价值创造的角度来讲，可以从原有的技术创造走向能力建设，用技术去赋能。其次，从价值传递的角度来讲，可以从原有的简单商品交易走向能力共享。再次，从价值支持的角度来讲，由于应用了数字化的新信息技术，就可以从单一要素驱动走向全要素驱动。最后，从价值获取的角度来讲，可以从发展单一业务或单一产品走向涵盖全产业链的业务或服务生态。

企业进行价值体系的重构，不仅是为了自身发展的需要，也是为了跟上世界发展的步伐。每一轮产业技术革命，就相当于是在对应的行业内进行了一次大范围的价值体系重构。第一次工业革命，航海技术、机械化的推广，让人们的认知边界变得越来越"大"；第二次产业革命，蒸汽机、石油、铁路的应用，让人们的移动速度变得越来越"快"；第三次技术革命，钢铁、电力、重工业的发展，让人们的圈子变得越来越"小"；第四次电子革命，汽车、手机等走入寻常百姓家，让人们的联系变得越来越"紧"；第五次信息革命，人类进入信息时代，人们的交往方式开始发生根本性的变化，人与人之间的交流变得越来越"轻"，互联网的重要性不言而喻。

与价值体系相对应的资产情况也发生了变化。农业时代，土地和劳动力是重要资产；工业时代，资本是重要资产；信息时代，企业家的才能是重要资产；到了互联网时代，数据变成了重要资产。在以后的每一个发展阶段，企业都可以用这些数据资产叠加势能，从而推动价值体系更新升级。为什么很多中小企业的平均寿命只有2~3年？很大一部分原因就是它们没有数据化的资产，只是依赖人工，比如老板的关系或几个核心员工的能力，最终结果就是跟不上世界的变化，逐渐被时代淘汰。

目前，数字经济已经从"零部件"演变为"基础设施"，重要性不言而喻。如果信息化的根本目的是赋能老板，为少数高端人士服务，那么，数字化的根本目的就是赋能终端、赋能员工、赋能全要素体系，是针对整个企业来做的。企业想要跟上时代发展，就要做数字化转型，利用新一代的数字技术，对业务（流程、场景、关系、员工）进行重新定义，内部推进全面在线，外部适应各种变化，从前端到后端，不断实现经营中的信息化、自动化和智能化，从而实现更高的企业价值。

对于企业价值体系重构的具体措施，需要根据企业自身情况及行业发展现状进行综合考虑。比如，埃森哲咨询公司推出了数字化的框架：第一是数字化客户，即开源，利用数字技术，采用更先进的方式与客户交流，增加营收并提升盈利能力；第二是数字化企业，即降本增效，从研发等核心部门到人力资源等后勤部门，降低现有价值链中各项环节的成本；第三是数字化业务，即业务创新，对当前的业务模式、商业模式进行数字化升级或开发新的商业模式，利用数字化技术发现新的利润增长，来全面推动数字化框架的建设。

再比如华为的数字化管理实践。华为提出了"353"的概念，即3个要素、5个转变、3个目标。3个要素分别是：对准用户体验、对准业务作战、打造数字平台。5个转变分别是：意识转变、文化转变、组织转变、方法转变、模式转变。3个目标分别是：做体验的升级、做效率的提升、做模式的创新。华为始终围绕"353"的概念进行坚定改革，有效推动了华为内部的数字化管理实践，使其可以一直走在数字化的前沿。

小米也是一家在企业价值体系重构方面很厉害的公司。到2021年时，小米生态链上的企业已经超过了400家，结果也十分显著，比如2021年的618大促，小米生态链上的单品收获了158个第一名。如果小米没有进行数字化改革，那么生态链不会有如此庞大的竞争力。小米正是运用了数字化的底层逻辑，推动企业拥有了极强的数字化覆盖能力，比如供应链共享、流量共享、核心人才共享。小米也因此成功提高了效率，增加了竞争能力。

战略与战术——升维认知才能降维打击

■ 战略是什么

（1）战略的内涵

早在明朝时，哲学家王阳明就已经对战略的内涵做了精确的解读，战略设计就是"知"，战略执行就是"行"。他曾说过："知之真切笃实处即是行，行之明觉精察处即是知。"

无独有偶，著名管理学大师亨利·明茨伯格（Henry Mintzberg）也发表过类似的观点，他说："有效的战略要把行动和思考联系在一起，我们为了行动而思考，我们也为了思考而行动，我们尽力把这些逐渐汇聚起来，这正是战略学习的真正内涵。"

上面是从学术理论的角度为战略的内涵做了解释，对于战略的内涵，一些企业家也站在实际执行的角度发表过自己的观点，这些观点非常值得我们思考和借鉴。

比如，中化集团前董事长宁高宁曾说："之前有两本小薄书在企业界流行，一本是《谁动了我的奶酪》，让人们认识到奶酪随时消失，在执行时战略要不断根据实际情况调整。第二本是《把信送给加西亚》，告诉人们接受任务时什么也别问，保证完成任务才是好样的，才算有执行力。"

这就把战略的内涵从纯理论的角度转变成了实际场景中的操作方法，战略的内涵要在具体的行动中体现。企业家想要把战略的内涵摸透，就需要多看多听知名企业家发表的与战略相关的观点和看法，这对了解战略的内涵十分有帮助。

（2）战略的原则

战略的原则主要有两点：第一，战略的聚焦点要"少"；第二，战略的起点要"小"。如图1-1所示。

首先，企业在制定战略时不要贪多，而是要尽可能地少，在一个时期内最好少到只有一件事情。做好一件事，比做好几件事更简单，也更容易成功。对企业来说，要集中精力攻

1 拥有战略思维

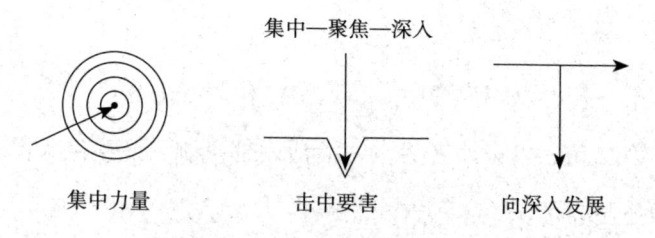

集中力量　　　击中要害　　　向深入发展

图 1-1　战略原则的要点

一个点，不要盲目多元化。人们很容易把企业未来可以做的或者可能做的事情都当作应该做甚至必须做的事情。但其实不是所有你看到的机会都属于你，决定你的企业成败的可能就是那几件事和那几次关键的决策。

其次，企业制定战略的起点要做"小"，而非求"大"。不要轻视这个"小"，任何企业在一开始的时候想准确找到那个足够好的"小"其实是件非常难的事情，需要你拥有优秀的商业直觉，甚至是非常好的运气。只有找准焦点，才能把企业的力量发挥出来。而且这是一个持续的过程，企业需要在发展中不断地寻找新的突破点。

对于战略的原则，任正非曾提出了"力出一孔"的概念（如图 1-2）。"力出一孔"是指选对一个方向，把所有的力量都收敛起来，然后集中向这个点进攻。针对"力出一孔"这个概念，华为总结出三句话，这三句话也代表了华为的战略原则：

第一句，以客户为中心，这个"孔"就是客户。

第二句，以奋斗者为本，搞活内部机制，产生巨大能量，推动公司前进。

第三句，长期坚持艰苦奋斗。

华为选择对了战略原则，并坚持了下去，最终获得了巨大的成功。

- 所有突破阻力的工具都是尖的
- 所有增加阻力的工具都是宽的
- 向宽处发展增加竞争对手
- 向深处发展促进领先和合作
- 向深处发展引起"连锁反应"

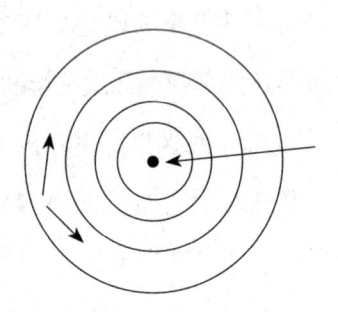

图 1-2　对"力出一孔"概念的解析

（3）战略的转折点

战略的转折点，是指企业的根基即将发生变化的那一刻。这个变化有可能意味着企业有机会上升到新的高度，但也有可能标志着企业没落的开端。在这个转折点上，企业做的任何决策都可以引发巨大的效应，关系到企业的生死存亡，因此企业在制定相关战略时需要格外慎重，不能任性而为。

（4）战略制定时的常见问题

战略制定时的常见问题主要是：贪多、求快、恋大、不认错。这是企业制定战略时最容易出现的问题。究其原因，主要是企业老板没有考虑企业的实际发展水平，也没有意识到自己的思想已经和企业的实际发展脱节，只是一味地求新求快，最终给企业的发展带来巨大的伤害。

想要解决这几个问题，企业就要统一思想，培养争先和专注的精神。企业成功最需要的，就是拥有看清主航道、驶入主航道、赢在主航道的争先和专注。

■ 战略如何选择

在我看来，一个没有战略的企业，是没有灵魂、没有使命、没有初心的。企业在制定战略时要先有一个初心，从初心到使命，从使命到愿景，从愿景到战略，从战略到目标，从目标到计划，这样一步步往下发展。很多企业都是没有战略的，脚踩西瓜皮，滑到哪里是哪里，导致企业里所有人整天都浑浑噩噩的，碰到一点困难、考验、挑战就坚持不下去了。很多中小型民营企业的问题首先就出在这里。

"竞争战略之父"迈克尔·波特（Michael E. Porter）指出："你选择不去做什么，这才是真正的战略。"战略是企业在"做"与"不做"之间的选择，其中的战略重心不是选择"去做什么"，而是要选择"不做什么"。很多人看到哪里有机会，就往哪里去。这种人，我们称之为"投机主义者"，是贪心不足的背道而驰者。这种人没有想清楚不做什么，制定出来的战略都是不可靠的，会随着环境和形势的发展变得千疮百孔，最终自行灭亡。

真正的战略是企业能够坚定地选择"不做什么"。比如我创办的光华赋能教育培训机构，在创办之初就规定好了"三不做"：第一，不准碰成功学；第二，不准碰人本教练技术；第三，不准在课程现场刷卡，强推业务。我们之所以能够从2003年到现在，20年来还在不断地向前发展，欣欣向荣，有一个很重要的原因，就是我们从创办的第一天起，就给团队规范好了框架，什么可以做，什么不可以做，清清楚楚。我们的"三不做"规定处于企业战略的核心位置，其他的战略都围绕着这个规定，先避开这三个不能做的内容，再去选择其他可以做的内容。

华为有钱但不乱花，这主要源于任正非的战略选择，即首先告诫自己什么不可以做，所以华为的战略主航道是很清晰的。很多企业为什么会经常出各种问题，没两三年就撑不下去倒闭了呢？因为这些企业大多数没有战略主航道的概念，全凭老板的喜好做事，导致企业今天做这个，明天做那个，结果就是什么都没做好。

在我看来，这些老板只适合做生意，不适合做企业。因为他们没有高度的战略思维，不能正确地选择战略，在看到某个行业兴起以后，马上决定削尖脑袋钻进去。前几年经济环境好，他们还可以随便投资，也不至于太亏本。但是现在情况不同了，从世界范围内的宏观经济发展趋势看，未来几年的经济状况都不会太乐观。有的专家甚至提出，这样的情况还会持续恶化下去，一年比一年差。如此恶劣的环境也就意味着，千千万万的企业将要面临经济紧缩所带来的紧张局面。在现金流不充裕的情况下，对企业战略趋势的正确把握就变得更为重要了。

这里给大家介绍一个可以有效解决战略选择难题的方法，叫"根据地战略"。根据地战略，指的是企业要找到自己在行业内最重要的主战场。企业如果能在自己的主业上盈利，那么就可以获得一定的江湖地位，进而打通全局，获得发展的机会。我和一些老板交流后，发现他们的主战场是亏损的，并且在这种情况下，他们还要到处搞扩张、开分店，或者是

绩效飞轮

搞其他位于第二、第三位置的业务。我相信，在资源有限的客观环境下，这些老板后面还坚持做这些副业的话，等待他们的结果注定是死路一条。

　　老板想要找到并确定企业的根据地战略其实不难，企业里的产品或场景，如果能够养活整个企业，那么这个产品或场景就是这家企业的根据地和主战场。需要注意的是，属于企业自己的标杆市场、旗舰市场，老板一定要带着团队亲自打下来。这样就会在企业里树立起老板的威望，也会在一定程度上凝聚人心，让大家能够一起为企业的根据地战略努力奋斗，并为企业后续搞扩张、做有效的商业模式提供良好的战略基础。

　　所以，企业对战略的选择就是取舍"做什么"和"不做什么"，找到企业的根据地战略，知道哪个阶段做什么事情最合适。在做完战略选择后，你必须坚定自我，保证企业的战略一定要落地，商业模式一定要创新。因为现在这个时代已经不是任何人随随便便都能创业成功的时代了，一碰到困难你就开始拐弯抄近道，是经不起环境的摧残和岁月的挑战的。

　　企业老板一定要学会战略选择技巧，在整个宏观市场环境当中找到自己擅长的，把自己能做的、想做的都去做好。

这样一直坚持下去，最后形成交集，形成最佳选择，才能使企业可持续地健康发展下去。

■ 升维认知才能降维打击

（1）战略与战术之间的区别

简单地说，战略是"方向＋商业模式"，战术是"方法＋工具"。战略，是从全局考虑实现整体目标的规划方法。战术，则是为实现战略目标所用的各种手段。战术是为战略服务的，战术代表了我们实现战略目标过程中用到的策略、步骤和方法。战略属于长远的规划，是远大的目标，所以规划战略、制定战略、运用战略的时间都会比较长。如果"争一时之长短"，那么用战术就可以达到；如果"争一世之雌雄"，那么就需要从全局出发去规划设计，这时用到的就是战略。

如前所述，战略是人们经过深思熟虑，慎重取舍后做出的正确的决定。在这里，"战"是对未来的预见与选择，"略"是对未来成长的时空布局。在不稳定和不确定共存的新世界里，企业需要通过反复试错来探索未知，不要期望一开始的逻辑就特别严谨，也不要苛求所有战略都万无一失。战略实验，就意味着会有错误和失败。

战略是方向，也是规划。所以，战略代表的是企业重大层面上的取舍。雷军曾说："不要用战术上的勤奋去掩盖我们在战略上的懒惰。"老板一定要洞察自己企业战略的本质，从初心出发，回归到战略的本源，了解并熟悉行业对手的情况，总结出哪些事情是企业不能做的。这样，就能准确地找到企业的战略。

（2）升维认知与降维打击的关系

目前任何一个理论体系都无法解决所有的问题，因为认知是有不同层次阶段的。借用著名逻辑学家库尔特·哥德尔（Kurt Gödel）的理论来解释的话，就是低层次的认知如果解决不了问题，那么就要升级自己的认知层次，用高层次的认知来解决问题。当然，高层次的认知依然不是完美无缺的，也有一定的缺陷，需要人们继续提高自己的认知层次，这样就形成了一个不断向上的认知结构（如图1-3）。

企业不断升级自己的认知后，制定出来的战略自然会比同行业的其他企业高出不少，相当于对其他企业进行了降维打击。所以，升维认知是降维打击的前提和基础，企业如果没有升维认知，就不会找准企业的战略，选择时出错的概率就会大增，变成被打击的对象。降维打击是升维认知的必然

1 拥有战略思维

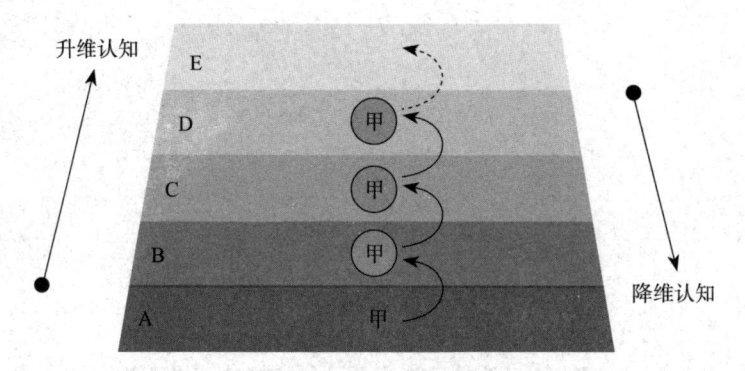

图 1-3 认知层次的发展结构

结果，也是企业继续前进发展的动力。企业对同行业的其他企业成功进行降维打击后，会发展得更顺利，对制定战略的信心也会更强，之后企业根据自己的发展前景，继续升级自己的认知体系，制定出更高的符合企业发展情况的战略。

企业可持续发展的四大战略

企业想要可持续发展，有四大战略可以选择：第一大战略是差异化，即战略定位；第二大战略是规模化；第三大战略是平台化；第四大战略是社会化。

我这里重点给大家推荐的是社交商业模式与小生态战略，涉及的是平台化战略和社会化战略。其中，平台化战略对应的是小生态战略，而社会化战略对应的是社交商业模式。

下面，我分别介绍一下这四大战略的特点及成功案例。

■ 企业的差异化战略

你要做一家什么样的企业？你的企业跟同行业内的其他

企业有什么区别？你的企业是不是与众不同？这些问题的答案就是企业差异化战略的重要体现。

现在很多企业在制定战略时老想省事，看到别人有了已经做得很好的产品或场景就马上跟着进去，这其实是一种跟随战略。企业如果选择了跟随战略，成功与否主要看能不能比前面的企业做得更努力、更好。如果所在行业的前几名企业确实做得很一般，已经养尊处优、不思进取了，那么企业的业务空间依然很大，哪怕是做跟随战略，只要比它们更勤奋，企业就有极大可能获得成功。但是这种行业很难遇到，现在大多数行业的情况是头部企业都很拼命、比其他企业更努力，这时你的企业如果还选择跟随战略的话基本上是无路可走的。

当其他企业在这个行业中已经做得很优秀，或者已经足够领先了，你的企业也想在这个行业当中有所建树、拥有一席之地，一般就要选择差异化战略。差异化战略使你的企业定位与众不同，这样才能够有机会在与头部企业的竞争中生存下来。

举个例子，在优步和滴滴占领了大部分行业市场份额的情况下，神州专车推出了差异化的战略，口号是做"更安全的专车"。这样的一个品牌定位，使得神州专车从创始到现在都发展得比较顺利。这就是差异化战略产生的效果。

再如，百度开始做中文搜索引擎的时候，谷歌已经是全球范围内的搜索引擎巨头了。百度面对这么一个强大的对手，并没有选择正面对决，而是提出了自己的差异化定位。百度当时的口号是"百度更懂中文"，而同时期的谷歌、雅虎等搜索网站都没有提出这个定位。所以，百度通过差异化的定位战略，巩固了自己在中文搜索中的地位。

又如，锐澳（RIO）对其鸡尾酒产品的定位战略是非常成功的。锐澳的定位就是夜场酒的消费革命，消费者因为酒精度低、口感清爽、瓶身包装亮眼等原因选择了锐澳。锐澳的差异化定位战略一下子就获得了成功，马上打开了一个上百亿级的市场。

这种差异化战略的品牌定位，是绝大多数企业都可以尝试的模式。比如我创办的集合大学，也用到了差异化的战略定位。我们公司根据前期的调研，发现市场上做线上教育培训或知识付费服务平台的企业已经有很多了，像喜马拉雅、得到、混沌、樊登读书等，其中有几家已经达到了千万级的市场规模，差一点的企业也是百万级的规模了。在这样的情况下，我们再推出一款类似的在线教育学习平台是没有太多机会的，因为已经没有了市场空间，而且头部企业都已经做得很优秀了。所以，集合大学避开了和这些头部企业的正面竞争，选择了一条不同的发展路径。

集合大学选择的差异化战略，主要体现在下面两点。

第一，集合大学永远不做书籍解读型的课程，这样就和其他读书类的付费知识平台形成了差异。

第二，行业内大多数企业的战略定位都是普及知识，属于知识付费服务平台，而集合大学的战略定位是做提升客户个人能力的服务平台，所以帮助客户学以致用，就是集合大学的最大特色。

我们之所以提出这样的差异化战略，是因为我们经过了认真思考和广泛调查，准确找出企业和行业内的头部企业不同点，并把它们转化成实际战略，最终取得了不错的效果。所以从理论上讲，每一家企业都可以做出差异化战略。如果找不出来，就是企业还没有想好如何做好这件事情，也不想付出努力，这样肯定制定不出合适的差异化战略，也就没有了和头部企业竞争的机会。

互联网电视机最早不是由互联网企业做出来的，反而是长虹、创维等传统电视机企业在早期的生产线上就有了互联网电视机。但是因为当时的传统电视机很挣钱，市场份额很大，所以这些企业在做出互联网电视机的时候，并没有大力推广，反而遮遮掩掩，生怕影响到传统电视机的销售。但是小米、华为等企业进入互联网电视机市场的方式完全不同，它们没有任何顾忌。虽然头部企业都已经有了互联网电视机，但是对互联网电视机这个品类的战略定位，消费者当时的认知还非常模糊，所以小米、华为等企业直接把重心都放到互联网电视机上，目的就是抢最大的概念、占最大的交椅、收获最大的消费认知。按照这样的差异化战略定位，小米、华为等企业的互联网电视机一经推出，一下子就收获了一大批年轻人的青睐，从办公到家庭的使用场景，再从年轻人辐射到中年人、老年人，逐渐占领了大部分的互联网电视机市场，差异化战略再次取得了成功。

"野兽派"是从鲜花产品起家的品牌，创立初期就定下了企业的战略定位：花本身的浪漫属性赋予了送花这个行为强烈的故事感，野兽派就在花和人之间建立联结，写出了一个极具吸引力的好故事。所以野兽派是用故事营销在竞争激烈的鲜花行业中站稳了脚跟。另外一个鲜花品牌诺誓（Roseonly）的定位则完全不同，它强调的是花的属性所引出的独一无二的含义，即一生只爱一个人。它卖的不仅是花，更是背后传达出的终生不渝的爱情。还有一个做鲜花的品牌，叫"花加"。花加并没有把定位焦点放在鲜花上，而是通过相关的服务聚拢人气。花加用"线上订阅＋产地直供＋增值服务"的方式，保证每周给消费者配送一束不同的鲜花。所以，花加的定位是鲜花订阅。这几家企业成功的差异化战略定位，帮助它们成为国内知名的三大鲜花品牌。

■ 企业的规模化战略

企业的规模就是企业的核心竞争力。企业的规模包括用户量、产值、产能等内容。任何企业发展到一定阶段以后都会追求规模化，据相关数据统计，只有不到7%的企业有能力扩大规模。这就意味着，另外93%的企业都上不了规模，没有能力做大做强，只能在非规模化的路上前进。

有规模的企业和没有规模的企业，就如同体育中的专业选手和业余选手，二者的竞争水平不是一个量级的。同一个行业中，别人已经是规模企业，你的企业连小规模都算不上，那么你的企业就只能打一些游击战、侧翼战，在人家没有顾及到的地方找到一点空间，或者通过差异化定位，找一个细分市场切入。

所有行业都存在一个重要特征：规模经济性。企业如果做不大规模，很多时候在这个行业里只能是"活着"，但不一定有效益。《财富》杂志通过对财富五百强排行榜55年的数

绩效飞轮

据研究发现，占总数不到 10% 的领袖阵营企业，其销售额一般占到全行业的 40%，利润和净利润达到了全行业的 68% 和 72%；而占整个行业 70% 左右的小企业只占到这个行业 5% 左右的规模，只能分享不到 5% 的净利润。

像手机行业里，苹果、华为、三星、小米这几家企业，基本占了全世界手机行业一半以上的利润，剩下的手机企业就只能喝点汤了。所以，中小企业一定要制定规模化的战略，即使目前达不到，也要有这个目标。从长远的角度来讲，企业一定要有做规模化战略的雄心壮志，一定要有一颗做强做大的心。如果你没有一颗争当世界第一的心，那么你也就走不上强者之路。

■ 企业的平台化战略

如前所述，平台化战略的核心就是小生态战略。

首先，平台化的战略思维观念，就是突破行业和行业边界，凭借共建价值网进行互相整合，交叉赋能。也就是说，做企业一定要足够开放，不能闭门造车。企业要在行业平台的角度考虑问题，既不是做价值点，也不是做价值链，而是要做价值整合。目前的市场呈现出高度开放融合的趋势，之前跟企业所在的行业完全没有关联的其他行业，今天通过有效的方式，完全可以实现交叉赋能。企业通过和其他行业的企业的合作交流，获得流量红利，乃至于在相关的业务和资源上得到超出想象的效果。

其次，平台化战略的一个很重要的理念，是利用集体的力量，满足大家的需要，解决大家的问题。平台商业模式的魅力就在于奇迹般的规模膨胀，能够有效地推动规模化的生根发芽，并很可能发生在任何一家平台企业身上。驾驭平台企业，可以更大程度地或者以更快的速度实现规模膨胀。平台思维就是一种通过模式找人的方法，把自己的成功建立在帮助别人成功的基础之上。企业在平台商业模式的影响下，根本不需要考虑降低成本，反而应该研究如何加大成本，把成本有效地外包和转嫁。

平台化战略带给企业两种主流的合作方式：小一点的合作，可以通过这个平台找一份副业；大一点的、想深度参与的合作，可以通过这个平台实现创业。以集合大学为例，我们公司从 2021 年 2 月初开始招代理商，不到一个月的时间，就有近 2000 个渠道共建者参与到了集合大学的共建体系当中。有些共建者把它当成一份副业，有些共建者把它当成自己的一个创业项目。所以，我们公司通过启动平台化商业思维的小生态战略，成功地使集合大学变成了一个客户做副业或创业的平台。

企业老板要改变传统的思维逻辑，做有格局的、愿意给别人分钱的老板，让别人也当老板，也有钱赚。这就是平台化战略的思维逻辑，你不光是自己赚钱，还要设计一个平台，吸引大家过来一起赚钱，由此形成一套完整的商业模式。

在流量为王、渠道为王的时代，"少赚"就是"多赚"，"多赚"就是"少赚"。你如果只是自己拼命地"多赚"，那么最后得到的结果就是"少赚"；你如果不介意自己"少赚"，而是让贡献者、参与者能够"多赚"，那么你最后得到的结果就是"多赚"。未来的商业模式就是企业充分利用社交资本的力量，通过提供平台资源，让其他人主动参与进来，达到共赢。

平台化战略还可以帮助企业有效控制成本。比如我前面讲到的集合大学的共建体系，不到一个月的时间招到了近2000个渠道共建者，而这些共建者是不需要我们公司给他们发工资和缴纳五险一金的，这样就能大大节约公司成本。我们和这些共建者一起创造更多的财富，使彼此的商业价值得以无限放大。

所有企业都有空间和机会升级为平台。站在产品的角度时，企业赚的是差价；但是站在平台的高度时，模式才是企业赚钱的核心。企业在有机会升级为平台时，一定不要犹豫，不要觉得是帮别人赚钱。你要记住：帮助别人成功，别人成功了，你也就成功了。

■ 企业的社会化战略

社会化战略，最流行的模式就是社交商业模式。其实前面讲到的平台化战略内容，为企业的社会化战略选择做了铺垫，是一种社会化思维的落地。

社会化思维就是利用社会化的工具、社会化的媒体和社会化的网络，来重塑企业和用户的关系。现在很多企业的社会化思维比较薄弱，需要向社会化战略做得好的企业学习，比如我前文提到的瑞幸咖啡，就是一个很值得学习的例子。瑞幸咖啡最大的一个核心卖点就是社会化，因为它的社会化战略执行得到位，所以它有话题度、有热度，自然能够成功。像茅台这样的企业，也是社会化的企业，因为每天都有很多人在谈论它，它不用打广告就实现了社会化传播。

社会化战略主要利用IP、自媒体、社群等手段，达到全网覆盖，实现社会化。目前，最火的核心卖点就是IP。从传统的零售商，到电商、微商，再到现在的直播电商，我们可以看出，IP在企业社会化的过程中起到的作用越来越大。很多企业也意识到了这一点，开始着手打造企业IP。这时出现了一个重要问题，就是很多老板对自己不自信，觉得自己做不了IP，只有帅哥美女才能成功。这种看法本身就有问题，比如这几年一些很火的脱口秀艺人，凭借自身风趣幽默的语言赢得了大众的欢迎。所以，老板完全可以找到自己身上的闪光点，发挥自己的优势，把自己的个性和特征完全释放给大众，那么就有极大可能成功打造IP。

综上，企业要做社会化战略的改造，主要有三个关键点：

第一，模式。你要有一个全新的社交商业模式，让更多的人参与进来，你能帮助更多的人成功。

第二，老板IP化。老板愿意成为企业IP的主导，努力打造个人IP。

第三，社群。企业通过社群，改造现有公司模式，进而改变运营方式，使企业的社会化战略可以顺利落地。

请注意，现在很多企业能够持续成功，都不是使用单一战略，而是建立在组合战略的设计基础之上。企业在不同的发展阶段要面对的形式不同，所以战略选择的重心也不一样，在进行组合战略时需要特别注意。比如企业在创始阶段，一般会对差异化战略和平台化战略进行组合。企业在发展阶段，一般会对规模化战略和社会化战略进行组合。当然这里给出的只是其中一种组合方式，你需要根据上面所讲的各个战略的不同特点，结合企业的实际情况进行选择，就能得出适合企业的组合战略了。

2

BLM 模型的战略共识：领先战略

2 BLM 模型的战略共识：领先战略

认识 BLM 模型的战略工具

■ 对 BLM 模型的基本认识

战略一般都会有对应的战略工具，帮助企业理解和分析战略。如果没有战略工具，企业对战略的理解就会是混乱的。有了战略工具的帮忙，就像有了章法，企业才不会乱。而 BLM 业务领先模型，就是一个非常典型的战略工具。

BLM 业务领先模型是一个循环的过程，从差距分析中发现企业生存发展的机会与破局点，结合市场洞察与战略意图，制定战略、设计业务、提炼创新焦点，通过战略解码，将战略分解成关键任务，再通过组织、人才、文化等保障战略的执行。战略周期结束之后，企业通过对战略进行复盘、改进，如此循环迭代。

在 BLM 业务领先模型中，企业战略的制定和执行共包括八个相互影响、相互作用的方面，分别是战略意图、市场洞察、创新焦点、业务设计、关键任务、正式组织、人才管理、文化与氛围。

第一个部分叫制定领先战略，从业绩差距、机会差距开始。领先战略有四个部分的内容：战略意图、市场洞察、创新焦点、业务设计。第二个部分叫执行战略，一般由组织部门管理并实施。现在很多企业把执行交到管理部门，甚至有一些企业是人力资源部门在做。其实这么做是有问题的，像华为等企业都设有组织部门，由这个部门专门管理战略的执行情况。执行战略也有四个部分的内容，分别是：关键任务、正式组织、人才管理、文化与氛围。

在这一章里，我们首先介绍的是 BLM 业务领先模型中的领先战略（如图 2-1），企业想要在激烈的行业竞争中脱颖而

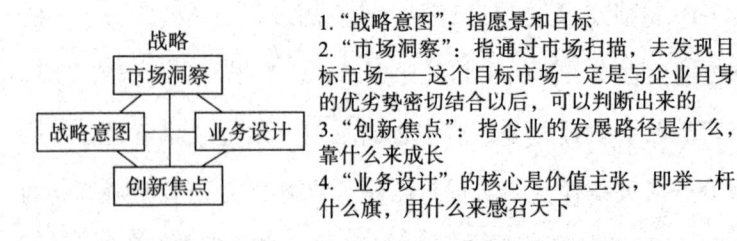

1. "战略意图"：指愿景和目标
2. "市场洞察"：指通过市场扫描，去发现目标市场——这个目标市场一定是与企业自身的优劣势密切结合以后，可以判断出来的
3. "创新焦点"：指企业的发展路径是什么，靠什么来成长
4. "业务设计"的核心是价值主张，即举一杆什么旗，用什么来感召天下

图 2-1　BLM 业务领先模型中的领先战略内容

出，就需要把这几个方面的内容厘清、摸透。

■《隆中对》中的战略分析

《隆中对》可以说是我国古代经典的战略文章。在《隆中对》中，诸葛亮为刘备进行了战略设计，把经典战略中的逻辑和内涵全都展现了出来。而且从最后的结果看，《隆中对》指导了刘备创立蜀国的全过程，最终形成了三国鼎立的战略格局，非常值得我们进行深入学习和研究（如图2-2）。

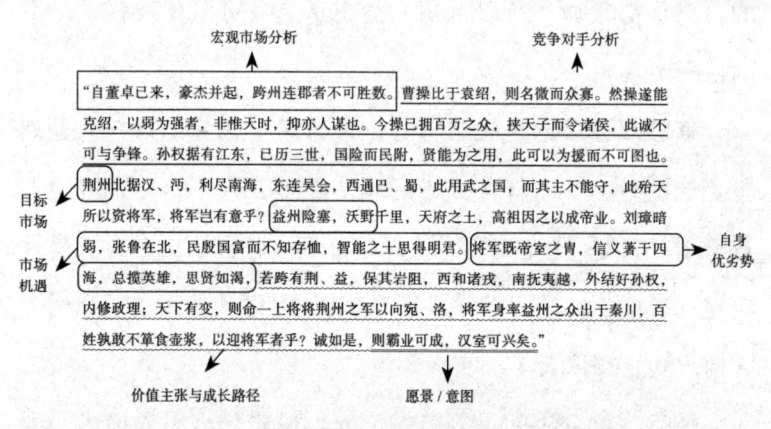

```
                宏观市场分析                      竞争对手分析
         ┌─────────────────────┐         ┌──────────────────┐
         │"自董卓以来，豪杰并起，跨州连郡者不可胜数。│曹操比于袁绍，则名微而众寡。然操遂能
         └─────────────────────┘         克绍，以弱为强者，非惟天时，抑亦人谋也。今操已拥百万之众，挟天子而令诸侯，此诚不
         可与争锋。孙权据有江东，已历三世，国险而民附，贤能为之用，此可以为援而不可图也。
 目标    ┌──────────────────────────────┐
 市场    │荆州北据汉、沔，利尽南海，东连吴会，西通巴、蜀，此用武之国，而其主不能守，此殆天│
         │所以资将军，将军岂有意乎？│益州险塞，沃野千里，天府之土，高祖因之以成帝业。刘璋暗
 市场    弱，张鲁在北，民殷国富而不知存恤，智能之士思得明君，┌────────────┐ 自身
 机遇    ├──────────────────────┤         │将军既帝室之胄，信义著于四│ 优劣势
         │海，总揽英雄，思贤如渴，│若跨有荆、益，保其岩阻，西和诸戎，南抚夷越，外结好孙权，
         └──────────────────────┘
         内修政理；天下有变，则命一上将将荆州之军以向宛、洛，将军身率益州之众出于秦川，百
         姓孰敢不箪食壶浆，以迎将军者乎？诚如是，则霸业可成，汉室可兴矣。"
            ↓                              ↓
        价值主张与成长路径                 愿景/意图
```

图2-2 《隆中对》中的战略分析

第一部分讲的是对时局的分析，在商业环境中叫作宏观市场环境。刘备面临的宏观市场环境中有一个非常大的机会，叫争霸天下。

045

第二部分讲的是对竞争对手的分析，也就是行业格局。曹操和孙权是刘备在市场上的主要竞争对手。所以，行业中的大企业通常决定了市场的基本规则，也决定了市场竞争的基本格局。

第三部分讲的是目标市场现状、市场机遇及自身优劣势。"思得明君"是当地的用户有没得到满足的需求痛点。"将军既帝室之胄，信义著于四海，总揽英雄，思贤如渴，"是刘备自身的品牌优势。荆州、益州民心思变的痛点正好落在刘备的自身优势领域，所以荆州、益州是刘备可以比较轻松拿下的目标市场。

第四部分讲的是战略核心，包含两个含义：第一个是刘备要想清楚，举一杆什么样的旗才能感召天下，让大家跟着自己干，"举一杆什么旗"就是指价值主张；第二个含义是战略目标的成长路径，若"天下有变"，可以从荆州、益州两个方向出兵，夺取天下，实现梦想。

最后一部分讲的是刘备的愿景。愿景代表了人们内心最深处的想法，也是最渴望实现的目标。所以，愿景不全是理性分析的结果，其中包含极大的情感因素。

领先战略——战略意图

■ "三把钥匙和一个钥匙环"

领先战略中的战略意图,其实理解起来并不困难,可以通过我们日常常见的钥匙和钥匙扣的关系来表现,即"三把钥匙和一个钥匙环"(如图2-3)。

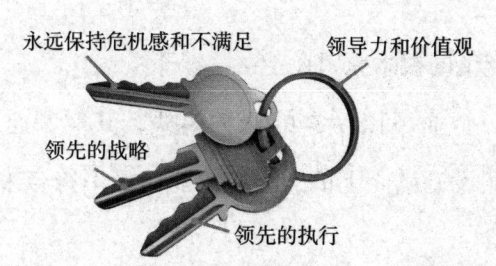

图 2-3 战略意图:"三把钥匙和一个钥匙环"

第一把钥匙：永远保持危机感和不满足。企业要始终保持"差距感"，既要对标行业高手，又要捕捉新的市场机遇。以不断追寻和创造更高价值为目标，这是企业发展的第一驱动力。

如图2-4所示，一个有挑战的被减数是让企业产生差距的根本原因：领先的反义词并不一定是明显的落后，而往往是甘于平庸。这时会呈现出两种差距，一个是业绩差距，通过执行体系进行改善；一个是机会差距，通过管理提升和战略创新才能解决。

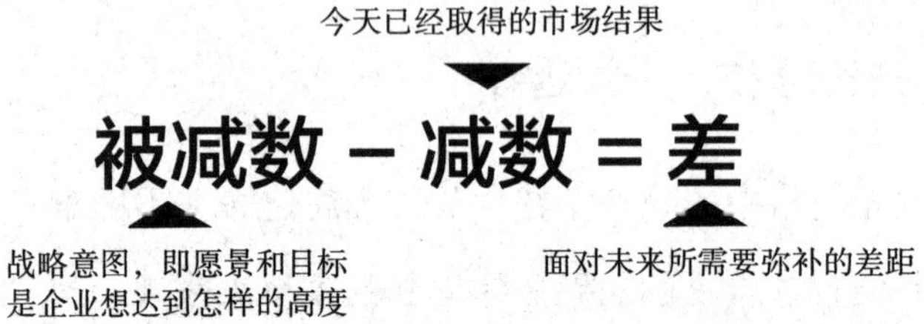

今天已经取得的市场结果

$$被减数 - 减数 = 差$$

战略意图，即愿景和目标　　　　　　面对未来所需要弥补的差距
是企业想达到怎样的高度

图2-4　战略意图中"第一把钥匙"的计算公式

差距产生的根本原因在于：

第一，企业习以为常的业务模式，其实都是建立在过去的某些假设基础之上的，很有可能已经不符合未来的市场趋势。

2 BLM模型的战略共识：领先战略

第二，企业虽然制定了新战略，但执行体系，尤其是组织能力比较薄弱，那么就可能无法承接新的战略。

第三，企业高层可能缺少把战略落地执行的领导力和价值观。

企业拿到上面这第一把钥匙后，还需要拿到另外的两把钥匙，就是领先的战略和领先的执行。

第二把钥匙：领先的战略。企业想要拥有领先的战略，最重要的是敢于跳出原有的圈子，敢于否定过去的成功模式，敢于抗拒自己的"习以为常"。企业只有不断洞察市场，永远保持反思创新，才算是拿到了第二把钥匙。

第三把钥匙：领先的执行。企业在执行时，遇到的最大困难就是管理组织的惯性问题，这个惯性主要指两个方面的内容：资源投放的惯性和管理机制、文化的惯性。

企业光找到这三把钥匙还不行，因为它们都是分散的，彼此之间没有关联起来，企业在做战略规划时就存在缺陷。这时，还需要企业用一个钥匙环把这三把钥匙串起来，这样才能顺利制定出领先战略。

一个钥匙环：领导力和价值观。将三把钥匙串联起来的是一个强有力的钥匙环，即企业的领导力和价值观。

■ 领先战略中的企业目标和愿景

战略意图主要解决的问题就是目标和愿景，其中目标又可以分成战略目标和近期目标两种。战略目标是指企业 3~5 年后的业务特征和关键指标，以及阶段性里程碑收入、业务结构、市场份额、人均产值、技术能力等。近期目标是指可衡量的业绩指标，包括利润、成长率、市场份额、客户满意度及新产品等。

目标在企业当中可以形成一个组合，这个组合叫"做看想"——老板想 3 年，中层看 2 年，员工做 1 年。整个企业一定要有这种思维意识。原来讲到战略目标时，都是指 5~10 年的长期目标，但现在已经不适用了。因为时代变化太快，我们做战略的时间也需要缩短。随着互联网技术的飞速发展，信息越来越透明，通道越来越多，企业受到的压力也越来越大。大部分企业在提到转变经济发展模式时，从追求经济发展数量逐渐转变为追求经济增长质量。

愿景代表了企业的长期规划，即成为怎样的机构和组织，是企业未来的主航道和前进方向。愿景反映出的是企业长远的感情契约，具有纲领意义，虽然现实但是极具挑战性。创始人的灵魂代表了企业的愿景，愿景要够强大，要喊出来，要习惯成自然。很多时候企业死掉，就是创始人对初心的丧失，走着走着就不见了。

在电视剧《亮剑》中，李云龙曾讲过这样一段话："一个具有优良传统的部队，往往具有培养英雄的土壤，任何一支部队都有自己的传统。传统是一种性格，一种气质，这种性格和气质往往是由这支部队组建时的首任军事首长的性格和气质来决定的，他给这支部队注入了灵魂。"

这段话同样适用于企业。虽然史蒂夫·乔布斯（Steve Jobs）去世了，但是苹果公司的产品里流淌的依然是他创造出来的灵魂。如果创始人的灵魂能在企业里流淌百年，那么这个企业就能存活百年。但如果创始人的灵魂没有在企业里留下痕迹，那么这家企业在5年、10年、换了几任总经理以后，企业很容易就会消失不见。现在为什么很多企业的继承人压力非常大？就是因为创始人担心自己退出以后，创造出来的企业灵魂不能流传下去，最终导致企业灰飞烟灭。

总结一下，愿景、战略目标和近期目标，就是一家企业的远、中、近目标，用来指引企业的战略意图和方向（如图2-5）。其中愿景代表了组织的方向和最终目标，战略目标代表了与上级组织的战略重点相一致，近期目标则体现了企业的感召力。

绩效飞轮

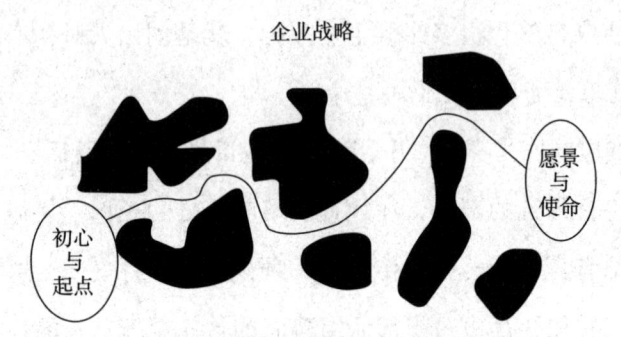

企业战略

初心与起点

愿景与使命

描绘了达到企业愿景和使命的路径

图 2-5　达到企业愿景和目标的路径

2　BLM 模型的战略共识：领先战略

领先战略——市场洞察

战略意图中的愿景和目标能否实现，怎么实现，是需要到市场上去寻找依据的。市场洞察的目的是分析和判断外部市场的动向和趋势，以及由此带来的机会和威胁。之后再结合对企业自身能力的客观认识，就能够细分市场，并且从中找到企业的目标市场。

市场洞察可以从三个角度获得，分别是：看大势、看客户、看竞争。基于 PEST 框架分析（政治 politics、经济 economy、社会 society、技术 technology）和 SWOT 分析（优势 strengths、劣势 weaknesses、机会 opportunities、威胁 threats），企业就知道下一步该怎么做了。

企业不仅要关注行业内的动态，也要关注政策、社会环境等的变化。先总结客户的情况，包括客户的类型，客户的层次，等等；再看其他企业的状态，包括最近在做什么工作，有没有创新，等等。

■ 市场洞察的三个角度

（1）市场洞察角度一：看大势

企业主要从两方面看大势，第一是宏观方面，第二是行业方面。

从宏观大势看：用经典的PEST框架进行分析。

从行业大势看：企业所处的行业有哪些变化，比如，行业的价值链发生了什么变化？行业的高价值区是否已经不同？行业内的市场规模现状和未来增长预期如何？

（2）市场洞察角度二：看客户

看客户更多是指对客户痛点的分析，包括的问题有：

你今天在服务谁，他对你为什么满意，为什么不满意？

你未来还有可能服务谁？他又有什么痛点？

不论是现在客户还是潜在客户，偏好有什么变化？

这些痛点和偏好的变化可能就代表着一个新的机会，甚至可以孕育出一个新行业。企业战略的起点就是看客户，这是战略的第一性原理。第一性原理由古希腊哲学家亚里士多德提出，他认为在每个系统的探索中都存在第一性原理，第一性原理是基本的命题和假设，不能被省略和删除，也不能被违反。

（3）市场洞察角度三：看竞争

这里是指对竞争对手的研究，主要包括：

市场上有哪几类竞争对手？

谁是最主要的竞争对手？

他们正在做什么工作？商业模式上怎么做？技术上怎么做？

跟这些竞争对手相比，我们的企业强在哪儿，弱在哪儿？

通过上面这些问题，就能帮助企业及时了解竞争对手的动态，获得市场洞察。

▪ SWOT分析——细分市场的策略及目标

企业可以借助经典工具SWOT分析模型来细分市场的策略及目标。其中，S代表企业在某个行业关键成功要素上，和竞争对手相比的优势；W代表企业自身的劣势；O代表企业所处行业的机会；T代表企业受到的威胁，主要指让企业所处行业的吸引力降低的趋势。

市场洞察最核心的内容是能够针对不同细分市场制定出不同的战略（如图2-6）。在SO市场中，企业通常要做绝对的市场领导者，往往要求高增长，通常是三倍于行业的增长速度。在WO市场中，企业的重点是聚焦，选择一个细分市场来切入，集中优势兵力，实现快速增长，再逐步渗透。在ST市场中，竞争对手在蚕食企业的根据地，而增长的机会不多，就需要企业少投入一些资源，保证份额跟市场的增长持平。在WT市场中，企业可以选择策略性地退出，把资源投入到机会领域中。

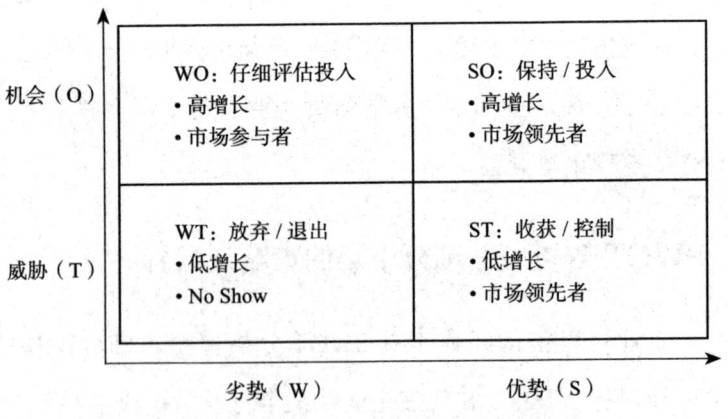

	劣势（W）	优势（S）
机会（O）	WO：仔细评估投入 · 高增长 · 市场参与者	SO：保持/投入 · 高增长 · 市场领先者
威胁（T）	WT：放弃/退出 · 低增长 · No Show	ST：收获/控制 · 低增长 · 市场领先者

图2-6 如何利用SWOT分析模型制定战略

领先战略——创新焦点

创新焦点包括未来业务组合、模式创新和资源利用。在数字化战略影响越来越强的今天,企业仅靠良好的生产效率和产品质量已远不能确保其在市场中的竞争优势,未来的发展之路注定离不开创造创新的帮助。在已经获得成功的企业中,有的是通过创新发明赢得市场,有的是通过创新管理获得利润。创新从短期来看,影响的是企业的经营收益;从更加深远的角度考虑,则是关乎企业生死存亡、能否做大市场蛋糕的关键因素。

企业如果想要积极探索、验证和紧跟市场脉动却缺少有效的机制,就不可能实现自己的战略意图或者持续的优势。

因此，企业必须持续进行业务创新。持续创新对于任何一家成熟企业而言都是不容易的。因为创新代表对过去成功模式的颠覆，而且是自我颠覆。

对于创新焦点这个话题，企业可以通过以下三种方式进行思考：

第一种方式，未来业务组合。企业的产品和服务要随着价值的转移不断改变。

第二种方式，模式创新。企业的产品和服务本身没有那么大的变化，但是商业模式会发生改变。

第三种方式，资源利用。企业可以创新地利用现有的资源，创造出更大的价值。

■ 创新焦点的角度一：未来业务组合

（1）企业未来业务的三条成长路线

理想的业务应当是三类组合，第一类是核心业务，也就是正在给企业贡献营收、贡献现金流的业务。第二类是成长业务，也就是在未来3~5年里肯定会有成长的业务，甚至几年以后就能贡献企业业务份额的30%~40%。第三类是创新业务，就是行业内大家都在尝试的新业务，企业可能也要跟着一起尝试。用俗话来说明这三类业务，就好像是吃着碗里的、煮着锅里的、还要种着地里的，由此形成三条不同的成长路线（如图2-7）。

（2）把"根据地"做强

"根据地"是企业增长的出发点，是竞争对手"打不死的业务"。企业需要先站稳"根据地"，再选择其他多元化路线。

（3）如何确定增长方向

简单地说，就是企业的核心业务如何向外扩张。当活下去已经不是问题的时候，企业就要开始对"根据地"进行梳理，把核心业务做大做强，力求成为行业翘楚或者成为细分市场的领头羊。

根据上面的梳理和分析，企业可以根据关联程度寻找相邻市场，并把这些新业务与主营业务进行匹配。这时，企业需要更新整个业务系统，并进行重新评估，确保整个业务系统形成相互促进、相互延展、相互强化的局面，使其保持良性运行。

绩效飞轮

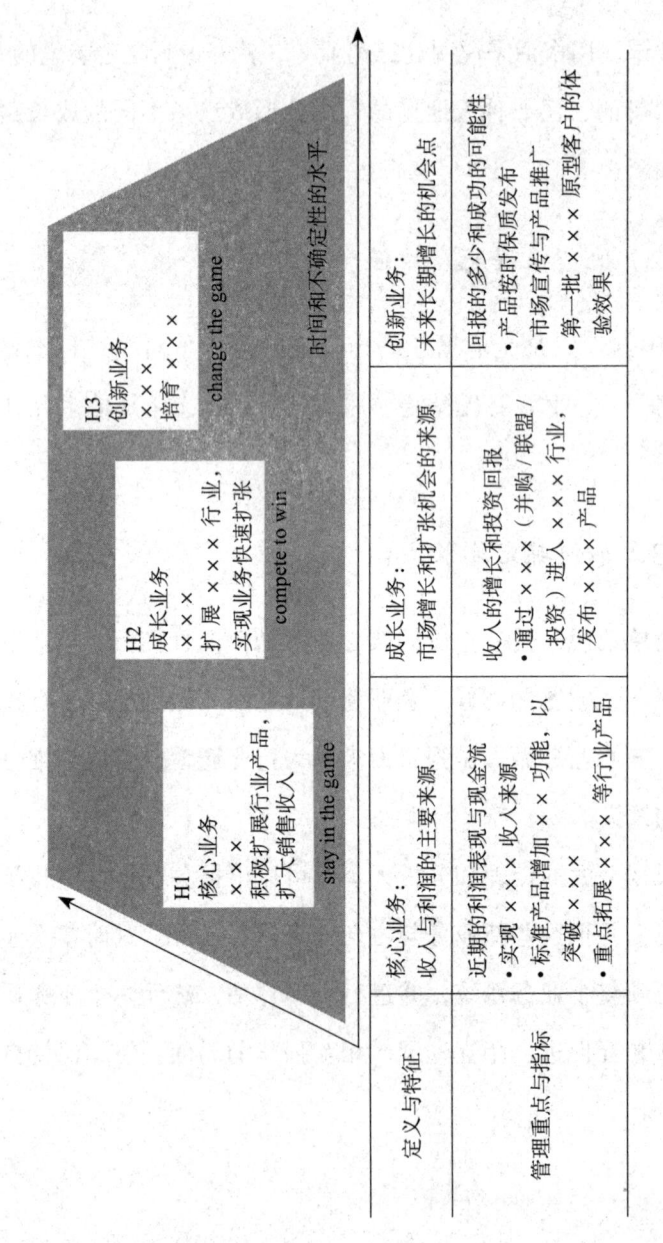

	核心业务： 收入与利润实现的主要来源	成长业务： 市场增长和扩张机会的来源	创新业务： 未来长期增长的机会点
定义与特征	近期的利润表现与现金流	收入的增长和投资回报	回报的多少和成功的可能性
管理重点与指标	• 实现×××收入来源 • 标准产品增加×××功能，以突破××× • 重点拓展×××等行业产品	• 通过×××（并购/联盟/投资）进入×××行业，发布×××产品	• 产品按时保质发布 • 市场宣传与产品推广 • 第一批×××原型客户的体验效果

H1 核心业务 ××× 积极扩展行业产品，扩大销售收入 — stay in the game

H2 成长业务 ××× 扩展×××行业，实现业务快速扩张 — compete to win

H3 创新业务 ××× 培育××× — change the game

时间和不确定性的水平

图2-7 企业未来业务的三条成长路线

■ 创新焦点的角度二：模式创新

任何一家企业习以为常的盈利模式在很大程度上都是由过去的经验决定的，因为在过去的某个时间点，当时的想法、市场条件、资源条件决定了企业所要选择的模式。而 10 年、20 年之后，如果不做模式上的创新，企业就无法保证继续盈利。

模式创新有一个很重要的关键点，就是企业运营思维的改变。

运营 1.0，即传统企业智能，一般有两种形式。

第一种是生产（研发）→销售→服务，这也是最简单的运营方式。

第二种是生产（研发）→销售→运营（深度服务）→服务（基础服务），比第一种稍微复杂一点，增加了一些深度服务的内容。

运营 2.0，完全改变了运营 1.0 的模式，成为：生产（研发）→运营。这样就把服务完全放到了运营中。

运营 3.0，明晰产品所处的生命周期阶段，洞察用户需求，通过整合有效资源，连接有效目标客户，实现阶段性业务目标，从而实现最终的商业价值。

■ 创新焦点的角度三：资源利用

日本知名便利店品牌 7-11（7-ELEVEn），是把资源利用发挥到极致的经典案例。7-11 是传统零售行业的标杆企业之一，完全颠覆了人们对便利店的认识。以前的便利店提供给消费者的只有商品，并没有看重服务。但是 7-11 除了给消费者提供一般的便利商品外，还额外提供食物加热、公交卡充值、电话缴费等其他便民服务，从一个超市变成了一个社区便利中心。

领先战略——业务设计

领先战略的最后一个内容是业务设计,即整个战略制定环节的落脚点。不管企业的战略意图是什么,对目标市场进行了怎样的分析和判断,打算用什么方式进行创新,最终都要落脚到业务设计上。业务设计的内容主要包括:客户选择、价值主张、价值获取、活动范围和战略控制。

■ 客户选择

客户选择就是明确企业定位的目标客户是谁,产品是为谁而打造的,主要包括以下三点内容:

第一,选择客户的标准。

绩效飞轮

第二，确定目标客户。

第三，是否有快速增长的市场。

■ 价值主张

价值主张是指企业满足了客户的某种需求，并且通过产品或服务让客户能够切实感知并留下深刻印象。用简单的话讲，价值主张就是给客户一个购买产品或服务的理由。价值主张也有以下三点内容：

第一，客户需求。

第二，独特性。

第三，心智影响。

价值主张一般分为三种类型（如图2-8）。第一种类型是

	提供一致、及时和低成本的产品和服务			
总成本最低	成本最低的供应商	一贯的高质量	快速的采购	适当的选择
	突出现有业绩边界，提供令人高度满意的产品和服务			
产品领先	表现优异的产品：速度、尺寸、精确性、重量		首先进入市场	新细分市场渗透
	为客户提供最优的全面解决方案			
客户解决方案	已提供方案的质量	每位客户的产品和服务数量	客户保持率	客户生命周期盈利性

图2-8　对价值主张三种类型的具体分析

总成本最低，力争做到物美价廉，依靠的是企业成本上的竞争力。第二种类型是产品领先，这里不是指某一个产品在某一个方向上的性能领先，而是指产品在用户心中的分量。第三种类型是客户解决方案，收客户的钱是因为解决了客户的问题，企业要成为最懂客户的人。

■ 价值获取

价值获取是指企业为客户创造价值后，如何让自己获得回报，也就是我们通常所说的企业盈利模式。企业为客户做好事情，赢得客户的心当然是必要的，但是这还不够。企业还必须想清楚自己的盈利模式，才可能最终赚到钱。这主要涉及以下两点内容：

第一，如何赚钱？

第二，有其他的盈利模式吗？

■ 活动范围

未来企业的活动范围会非常大，不管参与到哪个行业中，企业都很难独立完成，需要和其他企业通力合作。往往是企业提供产品和服务，合作伙伴提供其他的产品和服务；或者企业扮演产品生产者的角色，而合作伙伴扮演渠道、服务提供者等角色。这样大家集合在一起，才能完成对客户的价值创造过程。在这里需要思考以下三点内容：

第一，经营活动中的角色和范围。

第二，哪些外包，哪些并购？

第三，与合作伙伴的协同。

■ 战略控制

企业如何做才能在客户那里成为一个不可替代的角色？

一看客户需求的转移趋势，二看企业在价值链中的地位。

战略控制的水平可以分为高、中、低三档，其中，最高的战略控制点通常是指企业有能力定义行业标准。也就是创造以客户为中心的业务设计，这也是企业转型升级的主要方向。就如《发现利润区》一书所说，"利润将分配给那些经营模式更具价值的企业，而不是市场份额最高的企业，所谓更具价值的经营模式，必须以客户为中心才能设计出来"。

以客户为中心意味着：首先，企业需要克服从自身出发的惯性，要从客户的需求出发，思考自己应该提供什么样的产品和服务，应该建立什么样的核心竞争力；其次，需要重新安排企业从上到下的时间，把大部分的时间和精力花在聆听客户的需求和共同探讨如何去满足这些需求上；最后，在明确自己如何为客户创造价值之前，理解客户如何创造价值，并且持续地关注客户创造价值的过程和其中的变化，最终将它转变为对客户需求和偏好的认知。

领先战略的根本与陷阱

■ V+模式：企业转型的"战略地图"和"实施路径"

　　企业转型的本质是转换不同的价值创造模式，需要回答三个基本问题：创造什么价值？能不能创造价值？如何创造价值？

　　前三次管理革命对此提出的秘方是"效率至上"，这意味着"效率"是创造价值的重要手段，而第四次管理革命的秘方是"价值至上"，那么"共生"是价值创造的"不二法门"。

　　基于对六家世界级企业商业模式和管理模式的研究，我们把这些世界级企业正在构建的模式定义为"价值+模式"

（即 Value + 模式，简称为 V+ 模式）。

V+ 模式包括一个中心、三个维度，其中一个中心是指以价值共生为中心，三个维度是指战略生态、平台赋能和价值共创，每个维度聚焦于价值共生中的一个核心问题。

战略生态回答的问题是：创造什么价值？

平台赋能回答的问题是：能不能创造价值？

价值共创回答的问题是：如何创造价值？

第一个问题有关平台生态圈的愿景、使命、战略和能力，它的核心是战略生态化，即战略生态。第二个问题涉及平台生态圈的基石、共享、体验和知识，它的核心是组织平台化，即平台赋能。第三个问题则需要明确生态圈中员工与顾客的角色、激励及其价值创造机制，它的核心是价值共创化，即价值共创。

V+ 模式展示了构建平台生态系统所需要的十二条战略路径（如图 2-9），每一条战略路径对应构建平台生态系统需要解决的一个核心问题。整个 V+ 模式解释了平台生态系统创建、生长和发展的过程，有利于生态系统的各种原则有机连接。

■ 令人振奋的前景

华为在 2019 年迎来了历史性的时刻——营收水平首次全面超过 IBM，盈利水平甚至达到 IBM 的两倍（如图 2-10）。

绩效飞轮

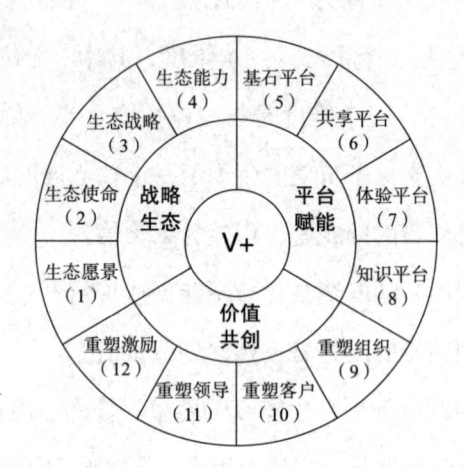

图 2-9　V+ 模式展示的十二条战略路径

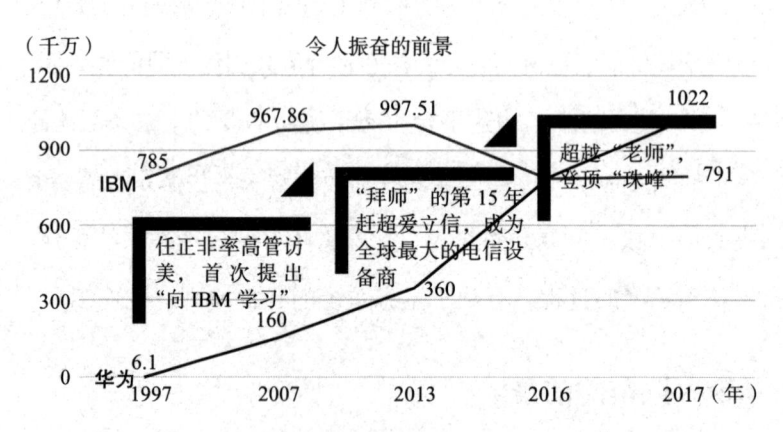

图 2-10　华为与 IBM 公司的营收水平对比（1997—2017）

华为最早想学的其实是爱立信，但是爱立信不可能教它，因为它们是竞争关系。那么华为选择拜师的企业是谁呢？经过深思熟虑，华为选择了超过百年依然"不死"的、有过起死回生经验、再次领先业内的公司——IBM。

华为在超越IBM的过程中，的确走出了一条曙光之路——在质量、数量和规模上，为其他企业树立了一个非常好的榜样。现在很多企业都想学习华为，但千万不能冲动，这些企业一定要冷静思考究竟是什么原因成就了今天的华为？企业能否成为甚至超越华为？

▋领先的根本：职业化创业精神

BLM模型需要每位创始人、老板都拥有职业化创业精神。经过我们的总结，拥有职业化创业精神的企业，一般在以下三个方面拥有非常突出的个性。第一，有雄心壮志，这就使企业拥有了更持久的动力模式。如果仅仅是为了发家致富，就难以变成领先企业。第二，敢于在领域内尝试有价值的突破创新。第三，基于远大使命的跨域协同。值得注意的是，跨域协同不是指价值链的打通，而是指价值网的融合。

一家企业的成功也离不开两个红利的支持。第一个是规模红利。规模不大，就没有发言权，没有定价权，没有高盈利的机会。第二个是创始人红利。创始人可以带领企业其他人一直拼，一直闯，一直创新。创始人红利有个特点，随着企业规模的扩大，创始人红利就会减弱，一旦富了，创始人的紧迫感就降低了，也就没那么拼了。这个时候，企业也会开始走下坡路。

所以最卓越的企业是什么样的呢？我们叫它职业化创业的企业，有规模红利，可以做组织、做管理、打造自己的地基，与此同时，企业永远保持着初创企业的那股劲儿，努力创新，不断进步。

■ 领先战略的三大陷阱

我认为，和20年前的华为相比，今天相当多的企业都拥有了更为优越的条件。但在迈向领先的道路上，这些企业面临着以下三个隐形的陷阱，需要对此加以重视。

第一个陷阱：富，为何还要拼？

我们已经变富了，为什么还要拼呢？在过去的30年里，我们发展的动力源就是"发家致富"，但是现在已经富了，为什么还要拼？

第二个陷阱：快，为何还要慢？

现在有这么多快钱可以挣，为什么还要挣慢钱？什么是快钱？金融就是快钱。什么是慢钱？自己做核心技术、搞研发，就是慢钱。既然有快钱可以挣，为何还要挣慢钱？

第三个陷阱：成，为何还要变？

和过去相比，现在的我们已经变得很厉害了，在中国市场上已经很牛了，别人也都在夸赞我们是中国的商业奇迹了，为什么还要变？

著名管理思想家克莱顿·克里斯坦森（Clayton M. Christensen）曾说过，"一个人的人生可以分为两大部分：人生上半场（40岁之前）和人生下半场（40岁之后）。在人生上半场，你要追求生活的成功；在人生下半场，你要追求生命的意义。"他认为，人们想要避开陷阱，保持活力，有三个维度很关键：工作的成功、关系的快乐、原则的坚守。做企业也是一样的道理，想要避开上面的三个陷阱，就要时常用三个维度提醒自己，尽力工作，保持初心，持续奋斗。

3

BLM 模型的战略执行：关键任务

3　BLM 模型的战略执行：关键任务

BLM 模型从战略到执行，是一个完整的过程。前文说了领先战略如何制定，本章就讲一下有了战略之后如何执行。执行部分分成四个维度，分别是关键任务、正式组织、人才管理、文化与氛围。总结一下，执行体系的两个关键点分别是：第一，一定要通过对关键任务的识别，找到战略落地的焦点；第二，就是正式组织、人才管理、文化与氛围这三个组织能力能够和焦点保持一致，也就是和关键任务保持一致。

了解关键任务基本思想

■ 关键任务的五个定义

关键任务是整个战略执行体系中最重要的起点,本身也是战略执行体系中挑战难度最大的内容。关键任务有五个定义,需要企业在识别自己的关键任务时进行对照和比较。

第一,最重要的是支持业务设计,尤其是价值主张实现的战略行动要靠关键任务来承接和落地(任何企业都有的三个价值主张:总成本最低、产品领先、客户解决方案)。

第二,关键任务通常包含企业最重要的运营流程的设计、落实和完善。

第三，关键任务是联结战略和执行的轴心点，是从战略到执行的贯穿环节。

第四，关键任务是执行体系中其他几个模块的基础。

第五，关键任务是年度性的，可按进度跟踪衡量。

■ 关键任务如何识别

关键任务的识别是有方法可循的。关键任务通常会改变一些核心的运营流程，而企业核心的价值创造流程大体分成以下四类（如图 3-1）。

第一类，运营管理，主要是管理企业的供应、生产、交付和风险。

第二类，客户管理，主要是做客户的选择、获客、客户的保持维系以及客户的增长。

第三类，产品服务创新，包括对新机会的识别、研发业务组合、产品设计开发以及新产品上市。

第四类，法规与社会，包括环境安全、关爱员工、服务社区等内容。

企业在最初发展的 1~2 年内基本上属于运营管理型，发展到 3~4 年时价值创造流程会逐渐转变为客户管理。企业发展到 5 年以上，就要转到第三阶段，即以创新为主要的价值

绩效飞轮

```
运营管理 — 生产、交付产品和服务的流程 ┬ 供应
                                    ├ 生产
                                    ├ 交付
                                    └ 风险

客户管理 — 提高客户价值的流程 ┬ 选择
                              ├ 获客
                              ├ 保持
                              └ 增长

产品服务创新 — 创造新产品和服务的流程 ┬ 新机会识别
                                      ├ 研发业务组合
                                      ├ 产品设计开发
                                      └ 新产品上市

法规与社会 — 改善社区和环境的流程 ┬ 环境安全
                                  ├ 关爱员工
                                  └ 服务社区
```

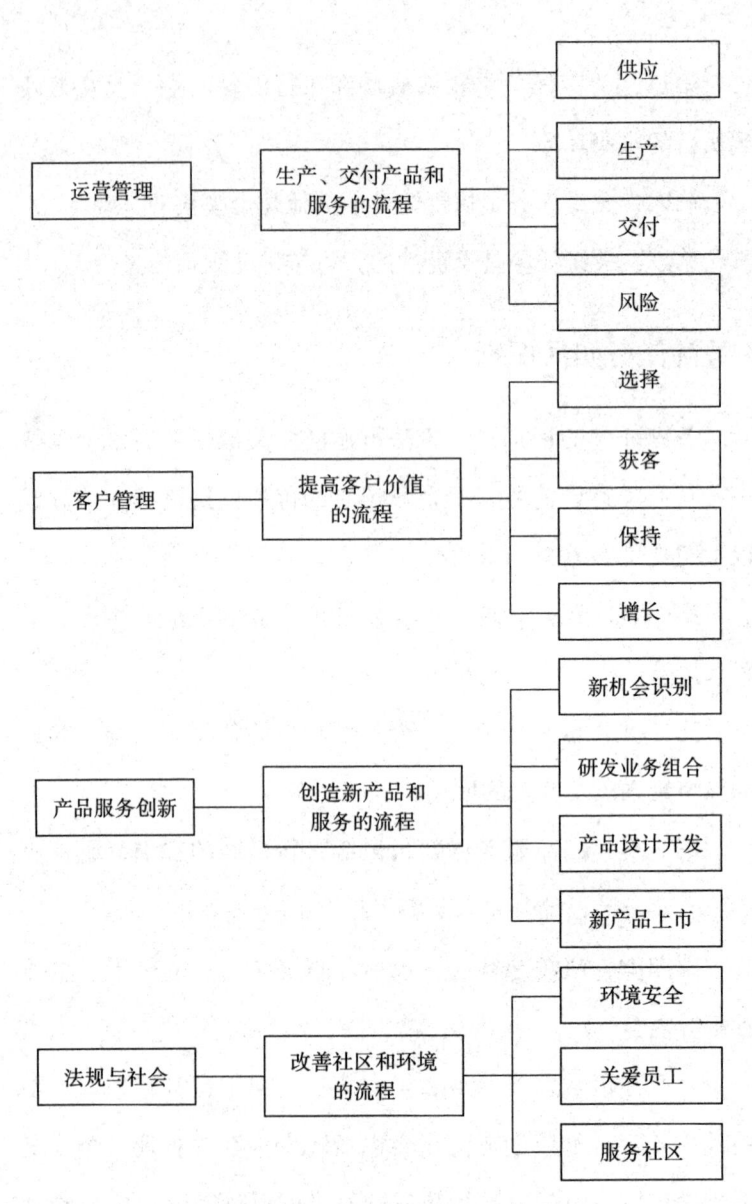

图 3-1 企业核心的四类价值创造流程

创造流程。所以，企业的发展是从运营到客户再到创新的一个价值创造流程，到创新阶段后，企业的社会责任感也会跟着慢慢凸显出来。

■ 价值创造流程

一般企业的利润计算公式为：

$$利润 = 客户数量 \times （单客收入 - 单客成本）$$

根据这个公式，我们可以得出以下四个主要影响因素：

第一，客户数量。

客户数量主要由企业的客户管理能力决定。客户管理指的就是前文所说的，对客户的精准定位、获客、客户的保持维系，以及在单个客户上我们的价值增长。

第二，单客收入。

单客收入是由围绕客户的产品和企业的创新能力决定的。一家企业的产品线越丰富，在客户那里能够获得的收入潜力就越高。而且越是领先和创新的产品，客户就越愿意付钱。

第三，单客成本。

单客成本主要由企业的运营能力决定。

第四，从利润公式中衍生出来的时间。

企业能够持续获利的时间，主要由企业的社会责任感决定，社会责任感是一家企业生命周期长短最重要的影响因素。

客户管理、创新管理和运营管理三个要素对应的核心能力决定了客户数量、单客收入和单客成本。对应前文提到的三大类价值主张，即：第一类总成本最低取决于运营能力，第二类产品领先取决于创新能力，第三类客户解决方案取决于客户管理能力。价值主张从来不是单一的，一般是将集中的价值主张进行排序，不同的业务有不同的价值侧重。

所以，关键任务是用来支持业务设计中价值主张实现的战略行动。企业选择的价值主张想要与竞争对手拉开差距，就必须让自己有足够的能力支撑起价值主张，同时其他的能力也不能太弱。在确定关键任务的时候，企业可以从两个角度去思考：第一，凸显自己的价值主张，聚焦投入的焦点；第二，通过差距分析找出明确的核心问题短板，并努力克服。

比如，一家企业在一个年度中的关键任务可能只有五六条，那么把这五六件事做好了，企业就会非常厉害。具体分配时，大概有 50% 的资源都集中在企业价值主张的实现上，而其他 50% 的资源则用来补充短板。

优秀关键任务的特征

优秀关键任务要具备以下四个特征:

第一,所有的关键任务都必须是组织需要大幅改善的内容。

第二,行动要有创意,最终能够反映成为组织绩效的改善,包括市场占有率、收入、利润的改变,这些都能够带来实际的财务绩效。

第三,这些内容要么涉及产品的生产交付,要么涉及客户的营销,要么涉及产品的创新。

第四,这些内容必须是可衡量的。

关键任务是战略落地的焦点。结合企业实际来看,关键任务就是对企业年度战略规划方案的拟定。

战略盘点与战略规划

■ 企业要做的三大盘点

企业在一年内一般有三大盘点，年初是做人才盘点，年中是做财务盘点，年终是做战略盘点。2~3月份，进行人才盘点，盘点一下哪些是关键人才，哪些是重要岗位；7~8月份，进行财务盘点，盘点一下企业的资金是否到位，资金是否充足。如果到12月份再来做资金盘点，就来不及了。从10月份以后，企业该裁员的裁员，该控制规模的控制规模。一般情况下，12月份要做战略盘点。哪怕再大的企业，领导再忙，一年到头其他会都可以不参加，但一年内的首尾两个会一定要参加。很多规模不大的民营企业，做事根本没有章法，也就没有及时做盘点的概念。本来每年的 2~3 月份是招人的旺季，这时就应该及时做人才盘点。如果到了年底再做人才盘点，企业肯定就不好招人了。做人才盘点主要是为了战略目标的实现，结果人才都跑了，也招不到新人，企业制定的战略肯定就实现不了了。

战略规划的重要性

（1）为什么要做战略规划

战略规划的本质就是确定联动目标，保证企业拥有共同的目标，心往一处想，劲往一处使。如果战略思想不统一，行动不统一，那么企业经营就很容易陷入混乱。没有战略规划的企业，内部就像没有棋盘的棋子，走两步就开始相互扯皮，造成边界不清、责任不明。企业经营拍脑子，没有规划，没有依据，导致方向错误，越走越远，就不会有好结果。长此以往，团队就没有了向心力和战斗力。

（2）企业年度战略规划的制定

企业做年度战略规划，主要就是做下面这三件事情：

第一，明确该年的企业经营方向和年度战略目标。

第二，找到完成业绩目标的有效策略方法。

第三，根据制订的计划有效推进，解决企业具体工作的推进问题。

很多企业认为做年度战略规划就是简单地定一个目标，比如明年业绩计划完成多少。其实这种想法是错误的，这种只能算是定了一个简单的年度目标，而不是一个完整的年度战略规划。

（3）制定年度规划的八个好处

明确目标，统一思想；

有利于目标达成；

促进团队协作；

提高管理效率；

抓住工作重点；

提高投入产出；

有利于规范化运作；

提高团队战斗力。

3　BLM 模型的战略执行：关键任务

战略规划示例

战略规划方案其实是对年度关键任务的落地。年度关键任务的确定，指的是对年度经营目标、年度战略目标及年度策略方法的拟定。如果这三个方面都制定好了，那么关键任务也就能确定了。

一般的年度战略规划方案，要有一定的方案架构模板（如图 3-2）。从上往下，首先要确定年度企业经营宗旨。在宗旨的基础上，确定年度经营指导思想。接着制定两大核心年度战略规划，分别是经营目标和发展目标。围绕着经营目标和发展目标，制定七大年度策略方法，分别是市场策略、营销策略、管理策略、渠道策略、产品策略、品牌策略、推广

绩效飞轮

策略。然后再以该年度有效执行跟踪体系，就目标、工作进行分解并执行跟踪。

2020年度战略规划方案架构

```
         ╱2020年度企业经营宗旨╲
        ┌─────────────────────┐
        │  2020年度经营指导思想  │
        ├─────────────────────┤
        │   两大核心年度战略规划  │
        ├──────────┬──────────┤
        │  经营目标  │  发展目标  │
        ├──────────┴──────────┤
        │    七大年度策略方法    │
        ├──┬──┬──┬──┬──┬──┬──┤
        │市│营│管│渠│产│品│推│
        │场│销│理│道│品│牌│广│
        │策│策│策│策│策│策│策│
        │略│略│略│略│略│略│略│
        ├──┴──┴──┴──┴──┴──┴──┤
        │     有效执行跟踪体系    │
        ├──────────┬──────────┤
        │目标、工作分解│ 执行跟踪  │
        └──────────┴──────────┘
```

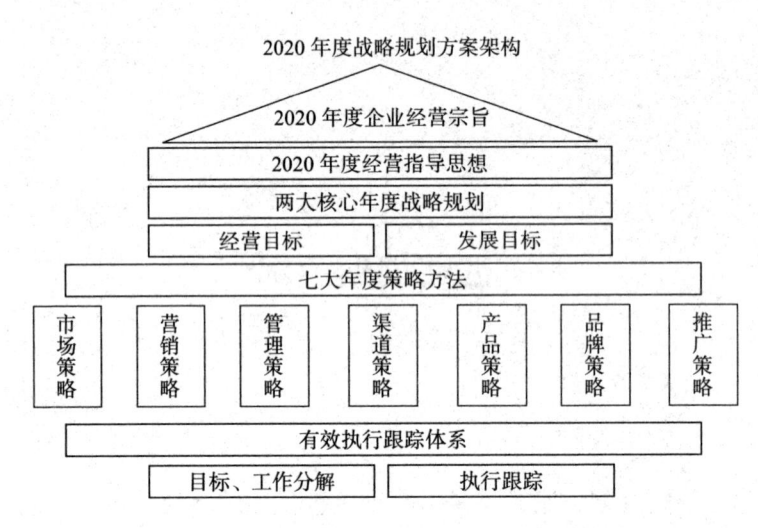

图 3-2　企业年度战略规划方案架构模板

其中，企业经营宗旨是老板提出来的，年度经营指导思想是高管团队提出来的，年度战略规划是核心管理团队提出来的。如果企业有决策委员会，那么年度战略规划就由决策委员会完成。如果有董事会，年度战略规划就由董事会完成。年度策略方法是中层提出来的，以部门为单位执行。所以，企业是以老板指导或主导的经营管理团队，大家共同围绕老板提出的企业经营宗旨去做具体分工，最后构成企业完整的年度战略规划方案。

年度战略规划方案架构

（以某企业 2020 年战略规划为例。）

（1）制定战略指导思想

简单总结一下，就是回答：2020 年企业要做什么。这也是企业 2020 年度的经营指导思想。

企业核心的经营宗旨：2020 年企业布局全面升级，拥抱新时代。

企业经营宗旨一般不是具体的数字目标，更多是代表了企业在这一年度的奋斗方向，相当于告诉大家这一年企业的精气神在哪里。基于这样的经营宗旨，就可以做出该年度的经营指导思想。年度经营指导思想是对经营宗旨的拆解。相对来讲，比经营宗旨实在了一点，是一个从虚到实的过程。这家企业的年度经营指导思想为（如图 3-3）：

第一，企业全面加速进入新商业模式。

第二，企业整体发展进入 2.0 模式。

第三，企业从产品销售进入商业模式输出。

第四，企业从生产型跨入平台型。

第五，营销专业化，服务标准化，流程系统化，新思维，新时代。

绩效飞轮

```
            2020 年度经营指导思想
┌─────────────────────────────────────────┐
│        企业全面加速进入新商业模式          │
├─────────────────────────────────────────┤
│        企业整体发展进入 2.0 模式           │
├─────────────────────────────────────────┤
│       企业从产品销售进入商业模式输出       │
├─────────────────────────────────────────┤
│         企业从生产型跨入平台型             │
├─────────────────────────────────────────┤
│  营销专业化、服务标准化、流程系统化、新思维、新时代  │
└─────────────────────────────────────────┘
```

图 3-3　企业年度经营指导思想举例

企业经营指导思想代表了企业的总思想，所有部门都要围绕着制定好的宗旨和指导思想去开展工作，不能与宗旨和指导思想背道而驰。

（2）战略规划的步骤

战略规划包括三个步骤（如图 3-4）：明确战略方向、制定策略方法、有效跟踪执行。

首先，是明确战略方向，包括经营目标和发展目标。那么，经营目标和发展目标有什么区别？

年度经营目标：年度的核心 KPI（Key Performance Indicator，关键绩效指标）。

年度发展目标：年度核心能力建设的目标。

3 BLM模型的战略执行：关键任务

战略规划的三个步骤

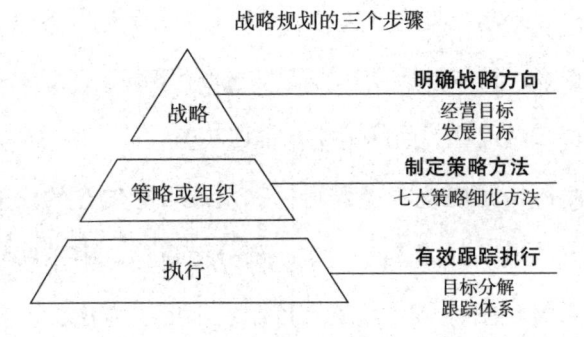

```
       战略             明确战略方向
                        经营目标
                        发展目标
    策略或组织           制定策略方法
                        七大策略细化方法
      执行              有效跟踪执行
                        目标分解
                        跟踪体系
```

图 3-4 企业战略规划的三个步骤

目前很多企业只关注年度经营目标，完全忽略了年度发展目标，这样会导致企业在达成目标的过程中只关注短期的KPI，而忽视了中期和长期的核心能力建设。这是企业在做年度战略规划时最容易出现的一个重要误区。

年度经营目标是KPI型的，包括销售目标、毛利目标、毛利率、利润目标、利润率、增长率、投入预算、费用率等。因为经营目标是由经营KPI支撑的，所以必须由非常明确的量化KPI指标构成。

年度发展目标指的是构建企业核心能力的目标，企业在发展过程中除了实现经营成果以外，还要去累积核心竞争力。比如，这家企业2020年度十大发展目标为：

商业模式、新商业、联盟平台、新业务、激活渠道、产品升级、品牌传播、年度活动、知识产权、市场布局。

其次，是制定策略方法。主要从七个方面制定策略及详细的执行方案，具体包括：市场策略、营销策略、管理策略、渠道策略、产品策略、品牌策略、推广策略。

策略制定是围绕着经营目标和发展目标展开的。策略也由两部分构成（如图3-5），第一部分是目标，第二部分是体系，体系又包括计划、政策、机制、制度、方法、工具。企业很多的时候是有目标而没有体系，如果没有体系支撑，那么目标就落不下去，就找不到发力点。

```
              策略
     ┌─────────┴─────────┐
    目标        +        体系（计划）
                            （政策）
                            （机制）
                            （制度）
                            （方法）
                            （工具）
```

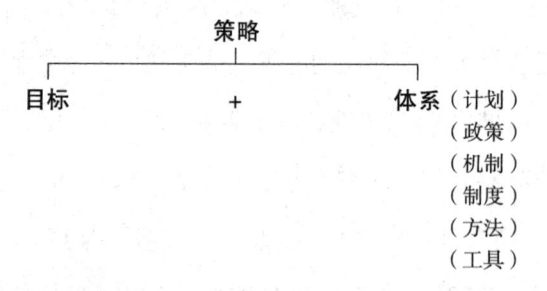

图3-5　制定策略时需要考虑的七个方面

市场策略要根据市场目标来确定，市场目标包括区域目标、市场占有率、覆盖率、推广目标。针对这几个维度，具体细化的市场策略就有区域目标30个，市场占有率20%，覆盖率10%，推广目标10个。要完成这样的市场目标，就需要一系列的体系作为支撑。具体的市场体系包括市场发展趋势、行业发展趋势、市场跟踪体系、市场布局体系、市场投入计划、市场活动计划。以上这些内容，构成了这家企业该年度的市场策略。

再看营销策略，也由两部分构成：一部分是营销目标，一部分是营销体系。营销目标有业绩目标1.5亿元，净利润目标6000万元，增长率100%。要完成这样的年度营销目标，就要有相应的营销体系作为支撑。营销体系包括营销模式制定、营销政策制定、营销活动规划、营销目标分解、营销工具准备、营销服务体系建设。以上内容构成了这家企业该年度的营销策略。

管理策略也是一样。第一部分管理目标包括人均产出目标、团队人员目标、团队绩效考核目标、团队的执行力目标。想实现这个管理目标，要具备的管理体系有团队组织架构、绩效管理体系、团队文化体系、日常管理体系、业绩跟踪体系、例会制度。以上内容构成了这家企业该年度的管理策略。

渠道策略中的第一部分是渠道目标，包括线上布局的目标、线下布局的目标、各渠道业绩目标（即利润目标）、渠道预算。第二部分的渠道体系包括渠道营销政策、渠道趋势跟踪、渠道拓展办法、渠道开拓计划、渠道支持体系、渠道服务体系。以上内容构成了这家企业该年度的渠道策略。

产品策略首先要确定产品目标,包括新品开发目标、产品销售目标、产品结构目标、产品品类目标。之后相对应的产品体系包括新品上市规划、产品组织结构、产品金字塔、产品利润分析、产品推广计划。以上内容构成了这家企业该年度的产品策略。

品牌策略由品牌目标和品牌体系两部分构成。品牌目标包含品牌影响力、品牌知晓度、品牌美誉度、行业影响力。品牌体系包括品牌传播计划、品牌推广计划、品牌投入预算、品牌架构计划、品牌工具。以上内容构成了这家企业该年度的品牌策略。

推广策略中的推广目标及体系包括年度活动计划、费用投入计划、推广传播计划。以上内容构成了这家企业该年度的推广策略。

这样,企业就把该年度的策略都定好了。这里的策略有些是分给独立事业部的,有些是分给其他部门的。原则上,一些核心部门要拿出核心策略,而这些核心部门的经理就是来完善这个部门体系的人。企业要培养这些核心部门经理,帮助他们制定出该部门的核心策略,并能够在后续的执行过程中不断优化。

最后,是有效跟踪执行。执行跟踪体系,首先要做目标

3 BLM 模型的战略执行：关键任务

分解和拆解（如图 3-6），然后再做执行跟踪。

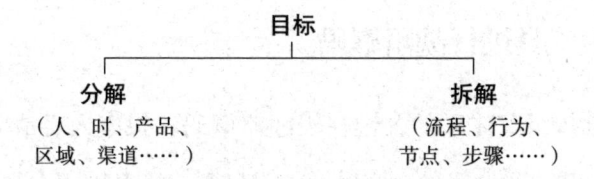

```
              目标
           ／      ＼
         分解         拆解
    （人、时、产品、  （流程、行为、
     区域、渠道……）   节点、步骤……）
```

图 3-6　企业目标的分解和拆解

对目标的分解，要因人、因产品、因区域、因时间，分解到人，分解到产品，分解到区域，分解到某些时间段。

目标拆解比目标分解重要得多，要按照具体流程进行。比如获取流量的拆解业务流程有 2A3R，分别是获取用户、激发活跃（activation）、提高留存（rebention）、增加收入（revenue）、传播变现（referral）。电商的拆解，要强调流量、转化率、客单价、复购率。现在，新零售、社交电商等行业都在做拆解，而大部分的传统企业还在搞分解，这就是我们存在的盲区。如果上面这些概念没有搞清楚，那么企业的年度规划永远做不好。

执行跟踪体系包括：业绩跟踪体系、费用跟踪体系、营销事件跟踪体系、营销管理跟踪体系、市场开拓跟踪体系、产品规划跟踪体系、考核跟踪体系、工作计划跟踪体系。执行的根本在于跟踪，把策略和跟踪体系合在一起，就是执行。

广义上的执行，指的就是策略和跟踪体系相加的概念。

▍运用工具进行战略解码

执行跟踪体系的关键在于战略解码。很多人对战略解码不太熟悉，我这里给大家讲两种常见的战略解码。

（1）BSC 平衡计分卡

最经典的战略解码工具就是 BSC 平衡计分卡。它围绕着企业的整个战略目标进行四个维度的解码。这四个维度分别是：客户维度、财务维度、内部流程维度和学习成长维度。其中，客户维度，包括客户关系、市场份额、顾客的满意度；财务维度，包括规模扩张、销售额、利润、规模、盈利性、现金流、资产投资回报；内部流程维度，包括保障质量、管控成本、提升服务、缩短周期、加快周转、IT 信息化体系建设、数字化推动；学习成长维度，包括干部培养、培训体系建设，即整个企业的学习体系。

如果企业年度经营目标和年度发展目标要做解码，那么这四个维度是不可或缺的。BSC 平衡计分卡是经过无数知名企业验证的有效工具，操作简单，容易落地，适合刚接触战略目标的企业使用。

（2）必须打赢的仗

这是一种全新的战略解码工具，名字是必须打赢的仗。我们公司就是用 BSC 平衡计分卡和必须打赢的仗这两套战略解码工具，相互配合进行战略解码的。

必须打赢的仗由两个要素构成：非打不可和输不得。它对企业战略方向和发展成败产生了决定性的影响，需要在企业范围内充分调动资源才能达成，是在新的一年中能够完成的、具有一定挑战性的、通过努力能够实现的战略目标。

必须打赢的仗是提升企业核心竞争力的关键维度，在使用时必须注意以下六点内容：

第一，它不是中长期的远景目标，是聚焦当年的短期目标，主要为愿景达成做准备。

第二，它不是结果（如销售收入的增长）。

第三，它不是量化指标（如 50% 的毛利率）。

第四，它不是日常性的常规动作，不是某一个具体的行动（如开发一种新化合物）。

第五，它需要具体明确的表述（如更多的创新）。

第六，它要用精确的动词 + 清晰的宾语表达。

用必须打赢的仗做企业的战略解码时，我的建议是一年控制在 5~7 场仗就足够了。表述时要具体，避免过于笼统。比如"提升管理能力""完成销售目标"等类似的表达就过于简单了。下面来举个例子。

1. 实现营销新模式的精准落地。
2. 突破产品线高效运营的重点瓶颈，实现关键产品的成功开发与市场投放。
3. 优化供应商平台。
4. 建立运营信息系统，实现精益制造，提升运营能力。
5. 搭建有效的绩效管理体系。

上面这五条的表述就比较具体，而且都是在同一个层次上的年度发展目标。但是年度发展目标这样写还不足以落地，这时我们可以利用表 3–1，再进行进一步的阐述。

表 3–1 "必须打赢的仗"示例表格

序号	主线	进行内容	主帅	副帅
1				
2				
3				
4				
5				

3 BLM模型的战略执行：关键任务

如表3-1所示，今年必须打赢的仗有五场，每一场仗包括主线、进行内容、主帅、副帅。因为现在企业的人员流动比较大，主帅很容易阵亡，所以一般要安排一个副帅，有时还要安排两个副帅。理论上讲，在这五个任务当中，创始人最好只承担一个任务，这样就能把权力和责任分散开。比如某个任务的主帅已经由老板本人担任，那么这时其他任务的主帅和副帅就要让相关的人员来担任。

我们对必须打赢的仗进行解读时，应该从以下这些维度来描述（如图3-8）。

是什么	衡量标准	阻碍因素	有利因素	成功时的样子
对内涵的澄清，对公司发展的战略意义	与成功的样子所匹配的、具体的、可衡量的指标	实现必须打赢的仗的阻碍因素，在制订行动计划时需重点考虑	制订行动计划及目标值的重要借势因素，给自己信心	以感性的语言，从客户、员工、股东等不同角度展开描述，帮助员工形成画面感，产生激励人心的效果

图3-8 解读"必须打赢的仗"的五个维度

第一，是什么。对内涵的澄清，对公司发展的战略意义。

第二，衡量标准。与成功的样子所匹配的、具体的、可衡量的指标。

第三，阻碍因素。实现必须打赢的仗的阻碍因素，在制订行动计划时需重点考虑。

第四，有利因素。制订行动计划及目标值的重要借势因素，给自己信心。

第五，成功时的样子。以感性的语言，从客户、员工、股东等不同角度展开描述，帮助员工形成画面感，产生激励人心的效果。

我们从上面五个维度来详细描述必须打赢的仗后，就会形成表3-2。

表3-2 2020年必须打赢的仗描述示例

是什么
1. 是为挑战30%（保障20%）年复合增长率目标而实施的营销管理变革
2. 是客户导向、行业聚焦、协同高效的具体实践
3. 是需要信息流畅通、行业与产品线联动、急速满足市场
4. 是建立市场为前导的营销模式（品牌力和解决方案）
5. 是快速提升团队专业化能力，满足培养精兵强将的需要

衡量标准	成功时的样子
1. 成为重点行业细分领域首选品牌
2. 打造行业内最优秀的、受称赞与尊敬的营销团队，形成系统的人员梯队，培养一批专业化的人才
3. 初步形成完善的产品解决方案，引领行业水平
4. 整合一批优质渠道资源	1. 在重点行业形成系统的产品解决方案（不是单个产品，而是按照行业特征形成产品组合）
2. 与20家下游核心合作方形成战略合作
3. 确保每年复合业绩增长20%（挑战30%）
4. 价格严格控制在目标特价率内，高于合理水平且不下滑
5. 销售费用控制在预算范围内，实际费用小于预算费用
6. 一线销售人员人均效率提升
7. 保持现金流的稳健周转，关注资金风险，应收账款周转天数×天

3 BLM 模型的战略执行：关键任务

（续上表）

有利因素	阻碍因素
1. 战略清晰，机制人性化且灵活 2. 产品基本系列齐全、整体质量水平优良 3. 相对较高的议价能力 4. 全国覆盖的渠道网络，专业的营销团队，人员整体素质高 5. 各项推广工作扎实有效，品牌知名度持续提升	1. 行业专业化人才缺乏，能力不足 2. 管理类人才缺乏，能力不足 3. 透明化、模式效仿、价格下行压力大 4. 渠道能力不足 5. 产品质量、成本、交付竞争力不足 6. 新产品上市速度慢、质量不稳定、交期长

这样就构成了企业这一年必须打赢的仗的全部内容。把必须打赢的仗按上面的表格这样每年解读和描述出来，以在企业内部达成共识。最后形成文档，清清楚楚做出来，并发给各部门核心领导学习。

4

BLM 模型的战略执行：正式组织

4 BLM 模型的战略执行：正式组织

组织理论的发展——从古典组织理论到现代组织理论

■ 组织与组织理论的发展

组织在整个企业的形态当中，其实是一种更实在的存在，因为它更为具象。企业只有把组织认识清楚，才能搞明白从战略到执行应该如何操作。现在很多企业都在做战略升级，原因是战略转型没有很好地落实到位，转型时组织没有起到应有的作用。有时候企业的想法上去了，但是组织没有跟上，造成企业战略不能有效落地。所以，企业在执行战略时，要先对组织有一个清晰的认识；在研究组织和了解组织的时候，也必须对组织的发展脉络有一定的认知。

18世纪末到19世纪初，称为古典组织阶段。这个阶段有三个代表人物，分别是弗雷德里克·泰勒（Frederick W. Taylor）、亨利·法约尔（Henri Fayol）、马克斯·韦伯（Max Weber），他们的理论构成了古典组织学的基础。流程管理、组织管理的一些基本原则，都在那个阶段开始萌芽。

到了19世纪20年代到40年代，这个时期的代表人物乔治·埃尔顿·梅奥（George Elton Mayo）把组织理论又往前推了一大步。梅奥构建起了早期的行为科学组织，也可以叫人际关系学说，强调的是关系环境对人的绩效的影响。从这个时期开始，组织管理开始强调人的行为规律，以及人与人之间的关系。后来，著名的组织学专家、ERG需要理论创始人克雷顿·奥尔德弗（Clayton Alderfer）在马斯洛需求层次理论的基础上，把人的需求分为生存需求、关系需求和成长需求，进一步分析了人的需求与组织的关系。

从20世纪40年代到现在，出现了一系列行为组织专家，这个阶段典型的代表人物是切斯特·巴纳德（Chester I. Barnard）。巴纳德被誉为"现代管理理论之父"，研究组织管理的人都会去读一下巴纳德的管理著作。巴纳德所在的学派被称为社会系统学派，他的研究帮助很多企业对团队、工作小组、文化、架构等概念有了深刻的认知。后来，很多世界级的管理专家在组织管理方面都有了卓越的建树，发表了如系统组织理论、群体生态理论等重要学术成果。

■ 历史上的四次管理革命

第一次管理革命时期，弗雷德里克·泰勒提出了"共同富裕"的概念。他强调"科学管理的首要目的是保证雇主最大限度的富裕，以及每位员工的最大富裕"。科学管理运用一系列的制度和方法，激励员工努力工作，提高员工的工作效率，创造更多的财富，最终使劳资双方都能获得利益。

第二次管理革命时期，"效率"不再是绝对主角，专家们将更多的目光放到了"人性"上，研究人际关系、人性动机的理论层出不穷。"社会人"的概念开始兴起，替代了原来"经济人"的概念，管理开始进入"人本管理"时代。

在第一次管理革命时期，机器的重要性要大于人，效率在此时高于一切。而到了第二次管理革命时期，人与机器的关系发生转变，人的重要性开始大于机器，由此，人与组织的关系也被重新定义了。越来越多的人研究转向工作，很多专家也提出"企业管理的核心就是人，而不是机器"。

此时，提升效率的目标依然没有改变，但已经从如何提高机器效率转变成如何激发员工的动力。心理学相关理论表明，人的动力主要源于动机。员工的工作动机由此成为组织行为领域研究的热门话题之一。越来越多的企业意识到，只有准确发现员工的动机，满足员工的需求，才有可能激发员工的工作动力，提高员工的工作效率，进而提升企业的整体效率。

根据图 4-1，我们可以得出这样的结论：

第一，拥有 +4 专精动机的人可以提升拥有 −3 贪婪动机的人，但一个只有 +2 合群与合作动机的人就会受到有 −3 贪婪动机的人的负面影响。

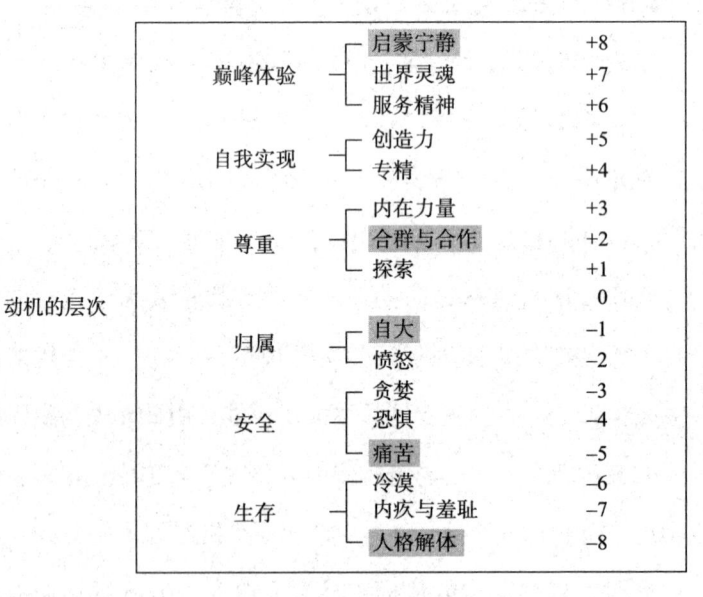

动机的层次			
巅峰体验	启蒙宁静	+8
	世界灵魂	+7
	服务精神	+6
自我实现	创造力	+5
	专精	+4
尊重	内在力量	+3
	合群与合作	+2
	探索	+1
		0
归属	自大	−1
	愤怒	−2
安全	贪婪	−3
	恐惧	−4
	痛苦	−5
生存	冷漠	−6
	内疚与羞耻	−7
	人格解体	−8

图 4-1 动机的层次划分

第二，所有低于0的动机，对个人或者组织都有破坏性。

第三，所有高于0的动机，对组织都具有创造性的促进作用。

所以在团队的建设过程当中，企业要引进、培养、再造大于0的动机，让组织中更多的员工拥有正能量，并影响身边其他的员工，让更多的人都拥有正能量。

第三次管理革命时期，主要强调"以顾客为中心"，企业内部则以精益管理为主。组织管理研究的视角逐渐从内部往外部转移。通过流程再造和精益管理，企业管理变得更灵活，充分发挥小组织的活力和创造力，"客户中心型"组织成为更多企业的首选项。

在前两次管理革命时期，企业管理的模式主要"以生产为导向"，超大型、全功能企业在此时期占据着行业内的主导地位，顾客大多是被动地接受企业的产品。到了第三次管理革命时期，"顾客中心型"组织兴起，"以顾客为导向"的模式逐渐成为主流，顾客的地位越来越高，服务成为和产品一样重要的环节。

第四次管理革命时期，强调的是技术革命对传统经济的颠覆和挑战。技术革新成为组织管理的核心内容，人工智能（artificial intelligence）、区块链（block chain）、云计算（cloud computing）、大数据（big data）、边缘计算（edge computing）

等五大核心技术促使企业改变原有的商业和管理模式，有专家因此把第四次管理革命称为管理的"ABCDE时代"。

在第四次管理革命时期，网络的发展带给企业的变化是颠覆性的，顾客的地位被进一步拔高，以产品为中心的制造逐渐转变成以用户为中心的定制。在企业内部，传统的"流程型组织"开始向"生态型组织"转型，"人的价值第一"成为设计组织模式、管理模式、商业模式的基石。企业需要一个新的以共同创造价值为中心的管理体系。

从"效率第一"到"价值第一"，管理学的理论和研究方向发生了翻天覆地的变化。表4-1中是四次管理革命的核心主题比较，通过这些比较可以清楚地看出组织管理在这一百多年的发展变化。

表4-1 四次管理革命的核心主题比较

类型	时间	关键词	核心特征	人性假设
第一次管理革命（管理1.0）	1901—1940	科学管理	以"效率"为中心	经济人
第二次管理革命（管理2.0）	1941—1970	人本管理	以"人本"为中心	社会人
第三次管理革命（管理3.0）	1971—2000	精益管理	以"用户"为中心	复杂人
第四次管理革命（管理4.0）	2001至今	价值共生	以"价值"为中心	自主人

世界500强企业中的六家案例企业特征对比

下面，我们以六家世界级企业为例，来分析一下它们在第四次管理革命时期的转型战略和特征对比（如表4-2）。这六家企业分别是：海尔、阿里巴巴、苹果、亚马逊、西门子、丰田汽车。为了更好地进行研究分析，我们可以先把这些企业分成两大类，分别是传统企业——海尔、苹果、西门子、丰田汽车，互联网企业——阿里巴巴、亚马逊。

表4-2 六家案例企业的特征对比

序号	企业名称	国家	创立时间	创始人	世界五百强排名（2022）	转型战略与路径
1	海尔	中国	1984年	张瑞敏	第405位	产品型企业→平台型企业→生态型企业
2	丰田汽车	日本	1937年	丰田喜一郎	第13位	
3	苹果	美国	1976年	史蒂夫·乔布斯	第7位	
4	西门子	德国	1847年	维尔纳·冯·西门子	第159位	
5	阿里巴巴	中国	1999年	马云	第55位	平台型企业→生态型企业
6	亚马逊	美国	1994年	杰夫·贝索斯	第2位	

从这六家企业的创始时间来看，都不属于新兴企业。最年轻的阿里巴巴到2022年时是23岁，最年长的西门子已经有175岁了，六家企业的平均年龄达到了66岁。这些企业至

今依然保有活力，一直属于世界500强企业。毫无疑问，它们是"持续变革者"，是推动世界管理进步的重要力量。

根据这几家企业发布的数据信息来看，到了第四次管理革命时期，它们都开始往"生态系统"转型，把"共创价值"摆在企业转型的首要位置，"把人的价值最大化"成为这六家企业在这一阶段发展的重要方向和原则。

4 BLM模型的战略执行：正式组织

组织才是战略到执行的关键

■ 组织的内涵

从广义上说，组织是指由诸多要素，按照一定方式相互联结的系统。从狭义上说，组织是指人们为实现一个具体的目标，互相协作而形成的社会性实体。从管理学的角度看，组织是一个社会性实体，具有明确的目标导向、精心设计的结构、有意识协调的活动系统，同时又同外部环境保持密切的联系。

根据组织的内涵，我们可以得出以下四个核心要素：

第一，目标。

第二，个人或团队。

第三，结构。

第四，文化。

企业做组织建设、人文管理时，甚至到了人力资源高级发展阶段，都要研究这四个核心要素，知道聚焦点在哪里，该怎么做，往哪个方向发力。

在 BLM 业务领先模型中，正式组织是支撑关键任务落地的关键要素，目的是让经理指导、控制和激励个人或者团队去完成企业的重要任务。

正如切斯特·巴纳德所言："组织是人们寻求合作的一个自然的结果，人们为了突破个人在'资源和能力'上的限制，追求更好的或更高的目标，会自然而然地选择合作的途径，建立协同关系。这种协同关系有了'共同的目标'和'社会性协调规则'时，协同关系就逐渐稳定下来，转变为稳定的协同体系。"

企业可以从以下四个维度确立正式组织：

第一，组织结构。它包括企业要设置哪些部门、各个部门的定位和使命、职能分工和授权、管理层级的设置、人员组合和配置、考核标准和预算。

第二，业务作业流程。它指的是内部管理的流程，包括

4 BLM 模型的战略执行：正式组织

流程设计、赋能、授权、IT 系统等，主要保障企业内部部门间的衔接和运转能够流畅。

第三，营运管理机制。它指的是战略规划、经营分析，包括日常的管理、决策、风险、授权。

第四，组织效能评估。对于组织而言，如果缺少了对员工或团队的评估，员工或团队就会变得很难管理。组织效能评估的方法有很多，例如 BSC 平衡计分卡、员工满意度、客户满意度等都是常见的评估方法。

作为战略执行部分的重要模块，正式组织主要实现两方面的聚焦。第一，检查正式组织和关键任务的一致性——为了分析组织变革的必要性和涉及的领域。第二，企业通过对资源的调整并且配套相应的驱动机制来管理组织的惯性，从而更好地支撑关键任务的落地。

同时，正式组织的价值取决于和年度关键任务的一致性如何，衡量这件事需要依次按照正式组织的四个维度进行检查，主要分成两个步骤：第一步，结合年度关键任务，梳理出在正式组织的四个维度上所需提供的组织保障，并且厘清目标状态；第二步，客观描述正式组织当前的现状，并且分析出可能存在的障碍。

检查正式组织和年度关键任务的一致性时，企业可以从以下几个方面进行考虑：

第一，组织模式、组织架构人员和活动的区域布局。

第二，业务作业流程和IT系统。

第三，运营管理机制。

第四，效能评估。

通过对正式组织的调整，企业可以在内部促成资源向核心组织的流动，也就是说，释放出的资源会被优先投放到企业的核心竞争力打造上。

■ 压强原则与力出一孔

一般来说，企业的营销和组织资源往往会根据市场收益进行分配。也就是说，某项业务的收益越大，能匹配的资源就越多。从短期来看，这种资源配置的方法确实能够帮助企业从稳定的现金流业务中获得大量收入。但是，当我们以长远的眼光看企业的发展时，就会发现这种分配方式加剧了企业的思维惯性，一旦企业无法投入资源建立起新的竞争优势，那么最终只能守着当前的业务沦为平庸的企业。

这就要求企业转变思路，比如使用压强原则，把所有的资源都压到战略（关键任务）上。具体来说，压强原则就是"杀鸡用牛刀"，经得起诱惑，耐得住寂寞，敢于舍弃，敢于不做。

与压强原则类似的还有"力出一孔"。这个"力出一孔"是华为特别推崇的战略执行方法，具体内容前文已经介绍过了，这里不再细讲。其实战略实施是个试错过程，后来者要超越领先者，第一要压强，第二无路可走只能追随，在追随的过程中不断地犯错，不断地改正。

组织熵理论

德国物理学家鲁道夫·尤里乌斯·埃马努埃尔·克劳修斯（Rudolf Julius Emanuel Clausius）提出了"熵"这个概念。后来，有管理专家把熵的概念转化到了管理学里，指代体系的混乱程度。在孤立系统内，系统从有序向无序的自发过程中，熵总是增加的，当熵在体系内达到最大时，系统就会毁灭。熵的增加就意味着有效能量的减少，简单而言，污染就是熵的同义词。

如何应对这种情况呢？伊利亚·普利高津（Ilya Prigogine）给出了答案，他提出了耗散理论：在开放的体系中，只要有能量的交换和释放，就会实现从无序到有序的逆转，即所谓的"熵减"，从而使体系不断更新。所以，去组织熵增的唯一路径即从封闭到开放（如图4-2）。

绩效飞轮

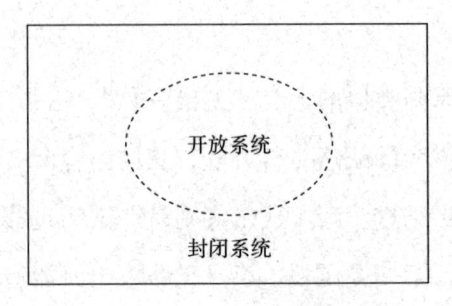

```
┌─────────────────────────────┐
│         ╭─────────╮         │
│        ╱  开放系统  ╲        │
│        ╲           ╱        │
│         ╰─────────╯         │
│           封闭系统            │
└─────────────────────────────┘
```

图 4-2　熵理论的从封闭到开放

目前大部分企业都是相对的非封闭组织，在互联网飞速发展的今天，我们要不断地推动组织走向开放。需要注意的是，这里所说的开放，也是相对的开放，不存在所谓的绝对开放。

4　BLM 模型的战略执行：正式组织

组织的设计与运营

■ 谁是组织的操盘手

组织的操盘手主要有两类人：第一类 CEO（首席执行官），是设计组织的人；第二类 HR（人力资源），是运营组织的人。有一些中小企业没有 HR，那么老板就身兼两职，既是设计组织的人，又是运营组织的人。所以每一个 HR 都有一个很重要的任务，就是去运营组织。运营组织要用到很多手段和方法、策略，目的就是把组织激活。

在企业里往往有一个奇怪的现象——HR 很专业，但是 CEO 总是对 HR 不满意。这是为什么呢？先看一个案例。

有段时间，华为的胡玲事件闹得沸沸扬扬。华为内部有一个网络社区，叫"心声社区"。所有华为的员工都可以在社区里进行互动交流。胡玲是华为人力资源部的员工活力体验官，她跟同事闹别扭，在心声社区里发表了一篇文章，标题是《研发的兄弟们对不起，我尽力了——实名来自2012人力资源部》，文章里对华为的人力资源部进行了激烈的批判。这篇文章引发了华为内部的思想碰撞，大家讨论热烈，争议很多。几天后，任正非正式用总裁办电子邮件的形式回复了该事件，他在邮件中主要说了三点内容：

第一，实名投诉是公司管理民主的一个好现象，我们要支持保护当事人。当事人要坚持实事求是的原则，在心声社区，大家可以充分表达不同意见，但是要就事论事，基于事实和证据，不能编瞎话。同时要注意保护被投诉人与公司业务无关的隐私，员工讨论应集中在内部社区，不要输出到外部社区去干扰社会。

第二，公司从过去的一穷二白发展到今天，我们的员工，特别是研发员工很辛苦。同时我们的领导层和HR也非常努力，这是基础。人力资源部要给19.4万人发工资、评奖金、配股票、调整职级、进行分类分级的考核，每件都是很难的事情，当然也有不尽公平的情况，我们要换位思考一下，发现一件事、一个人的不合理很容易，解决全局平衡的人要动许多脑筋。大家要互相宽容、互相理解，协商沟通调整。

第三，我们的领导、HR也要注意方法，不宜大风大浪、大起大落、波涛滚滚，改革要静水潜流。

这三段话我总结了一下，大概有三个内涵：

第一，家丑别外扬，尤其是隐私。

第二，HR事情多，研发要体谅。

第三，事情到此打住，不要闹大了。

这三点非常关键。任正非的这种管理方法叫灰度管理。管理不是非黑即白，在事情没有绝对正误之分的前提下，两全其美的方法就是将双方引入黑白之间的灰色地带。这种管理方式也是极具职业化的表现，即在合适的时间、合适的地点，用合适的方式，做合适的事。

组织行为学的应用

（1）组织行为学以实际应用为导向

寻找商业组织行为规律的学科，就叫组织行为学。对于企业来说，组织行为学就是在研究个体规律、个体之间的关系，以及结构对组织的影响。包括研究企业中每个员工的成长、员工与员工之间的关系、内部团队如何与外部互动等内容。

根据组织行为学的研究，改变个性的关键是情境的强度。迫使个体人格改变的第一要素，不是情境有多复杂，也不是持续的时间，而是强度。比如下面这个例子。

阿莱克斯·彭特兰（Alex Pentland）被誉为"可穿戴设备之父"。他也是一位组织行为学家和行动派，他用自己的亲身试验证明了组织行为学的观点。

有一次，美国银行找到阿莱克斯·彭特兰，想要请他帮忙提高电话客服部门员工的工作效率。阿莱克斯·彭特兰马上答应了下来，他并没有滔滔不绝地讲理论概念，而是在美国银行里亲自做了个试验。他准备了能记录佩戴者日常交流数据的类似音乐播放器的设备，可以记录佩戴者和谁说了话、内容是什么、语气怎么样。

他让美国银行电话客服中心的所有员工都在工作时间内佩戴这个仪器，以便收集数据。然后，他把那些高绩效团队的数据与低绩效团队的数据对比，发现产生绩效的差异和管理水平、团队负责人的个人领导力都没有直接关系。绩效差异产生的最重要的原因是：员工间非正式聊天的机会多不多。

根据这个结果，他给美国银行支了两招。第一招是把食堂的桌子换成大的，让更多的人能坐到一起；第二招是调整倒班时间，让更多的人可以一起休息。这样员工就会改成在吃饭时聊天，有价值的经验就能在饭桌上传开，而那些因为工作产生的负面情绪也能通过同事间的互相安慰消解。

由此可以看出，组织行为学的研究方式更偏向实用主义，强调研究结果在现实中的应用情况。组织行为学中的理念只是基础，而具体的行动指南、操作手册才是企业真正值得重点关注的内容。

（2）员工的表现与情绪有关

做管理的人都知道，优秀的员工也有状态不好的时候，这时他的业绩就会大打折扣。美国管理协会每年都会监测全美员工的工作情况。从2014年开始，他们发现一个奇怪的现象：明星员工消极怠工的比例逐步上升。这不太符合人们原本的认知。

组织行为学的研究发现，员工的表现与情绪有关。一般来说，处于情绪低潮的员工工作效率将会大大下降，暴躁的情绪还会造成企业员工的内耗，抵触情绪更会导致工作效率大幅下降。情绪问题严重的话，还可能造成企业大量的人才流失。这些不良情绪对现代企业的影响将越来越明显，也越来越重要。

俗话说：先解决心情，再解决事情。在长时间的高负荷状态下，许多员工的情绪都会出现问题，必然会影响到组织的绩效。以前的解决办法是给员工颁发荣誉，或者给予一定的奖励，平复一下他的心理波动。现在这些方法的效果越来越差了。不仅奖状、表扬的效果甚微，即便是加薪带来的情绪改善，维持的时间也非常短，甚至根本不起作用。为什么现在控制情绪成了问题？怎样让员工拥有持续的好状态呢？请接着看下面的内容。

（3）情绪与生存环境有关

根据组织行为学的研究，这些常规的方法失效与现在的生存环境息息相关。平复情绪没有用，因为情绪不是普通的感受。情绪是一种资源，需要的是补充。

美国心理学家斯蒂芬·霍布福尔（Stevan Hobfoll）提出："人们总是在积极地保护和构建他们认为宝贵的资源，包括物质、情绪、社会关系等。"人们在专注于处理复杂问题时，不仅要依靠专业知识，还要集中注意力，排除干扰。这时调动的就是情绪资源。

对每个人来说，情绪资源都是有限的。对于任何资源的

4 BLM模型的战略执行：正式组织

损失，我们都在潜意识中把它看成一种威胁。失去得太快，身体就会做出反应来避免损失。想辞职、想休假，就是情绪资源耗竭时，潜意识进行自我保护的结果。斯蒂芬·霍布福尔把这套理论叫作资源保存理论，情绪资源反馈路径消失，导致情绪更容易失控。

根据哈佛大学相关学者的研究，人们在工作中获得的成就感无法有效补充个体的情绪资源，原因在于场景没有发生改变，这只是一种自身的循环。想要解决，就必须跳出自身的系统，换个场景，才能给自己"加油"。

以前，我们可以一辈子只待在一家企业，但现在年轻人每份工作的平均时长越来越短，换工作的频率越来越高。同时，房价的居高不下使原来依附于组织的生活环境被彻底瓦解。这些都导致人们的工作和家庭迅速脱钩。不同职业间的壁垒越来越大，荣誉体系也完全不同。你在工作中的行话，另一半听不懂，你解释起来也困难，夫妻之间很难找到共同语言。甚至很多人开始选择下班独处，直到很晚才回家。我们失去了一条补充情绪资源的重要路径，让组织原有的荣誉策略不再有效。

这就解释了为什么现在我们的情绪更容易崩溃，为什么发奖状的方法没有用了。因为让我们情绪稳定、拥有好状态的方法很难在组织内部找到，而要到组织外部寻求解决，比如建立家庭生活和工作之间的反馈通路。

（4）把员工的情绪资源纳入管理

既然情绪是一种资源，组织就要把情绪纳入管理。那么，组织怎么做才能让员工情绪稳定，拥有好状态？

组织行为学发现，至少有三条路径可以帮助个体补充情绪资源：

第一，用生理资源来补充，比如健身、睡觉。

第二，强迫大脑跳出目前的情境，比如冥想。

第三，用亲密关系来补充，比如良好的家庭关系、爱情。

对于组织来说，发动员工健身、冥想，时间成本很高，效率也低。让员工拥有好状态的根本方法，是要把他们的情绪资源状况作为一个重要因素，纳入管理的范畴。要在工作安排中把员工情绪作为考虑要素之一，尽量不要让员工超负荷工作，对压力大、情绪异常的员工，在工作时长、难度方面予以适当照顾。尤其对于明星员工，那些长期承担责任的人，在安排工作时，更要把情绪资源维度考虑进去，对其进行有效保护。有些公司采用灵活的上班时间，设置更多的小房间以便于员工交流，都是很有效的做法。

清晰的目标感更容易使人专注和情绪稳定。越是被碎片信息包裹，越容易获取所谓的资讯、干货，也越有可能忘记整理思绪、消化吸收，本质上是情绪的消耗。正因如此，明确目标、认知目标并建立目标，不仅变得异常重要，而且有助于让行动更有指向性。"如果你有目标，全世界都是你的资源。"

儒家强调"大学"是大人之学，是走向人生大道的学问，能开始研习"大学"，就意味着心理成人的开始。《大学》说："知止而后有定，定而后能静，静而后能安，安而后能虑，虑而后能得。""知止"即志在"止于至善"。使命、愿景对企业、对员工个人起着导向的作用，是人的思想和行为的定向器，是激励人们向着既定目标奋斗前进的动力，是人生力量的源泉。一个人有了坚定正确的理想信念，就会以惊人的毅力和不懈的努力成就事业、创造奇迹。

（5）优秀的企业文化有助于员工情绪管理

优秀的企业文化不仅决定企业的战略、品牌，而且有助于员工的情绪管理。

著名社会学家理查德·桑内特（Richard Sennett）在《公共人的衰落》中提到，"自我是当今时代的新教伦理"。这和

绩效飞轮

组织行为学的调查数据是一致的。我们发现，新生代员工最突出的一个特点，就是不再愿意当一颗"螺丝钉"，而是要成为工作的主角。

自我才是当今时代的主流，所以怎么保护员工的自我状态变得非常重要。失去自我就无法投入工作，管控带来的是服从，自我性的保护和激发才能带来对工作的投入。当领导主动给员工制定一个KPI指标时，这个目标更像是组织强加给员工的，潜台词是不得不做。但是如果上级和员工一起商量，共同制定出一个员工愿意挑战的目标，那么这个目标就变成了员工自己的想法。显然，这更能激发员工的工作热情。

如果组织想激励员工好好工作，让他们打主力，就要把他们当主角来看待。最好也是最简单的方法，就是把员工当成投资对象、合作伙伴。这样，企业能够想到的做法就很多了。比如，和员工一起做规划、定目标；给予员工必要的协助和信息，做投后管理；为员工制作个人资产负债表，进行成本核算。最重要的，把员工当绝对主角，鼓励他们自己说出完成任务需要的资源。

■ 企业发展的软实力

企业的软实力涵盖了人力资源体系、财务体系、物流体系、信息化管理体系等，最好实现人、财、物、事的数字化驱动，这是实现高层次团队职业化的重要基础（如图 4-3）。

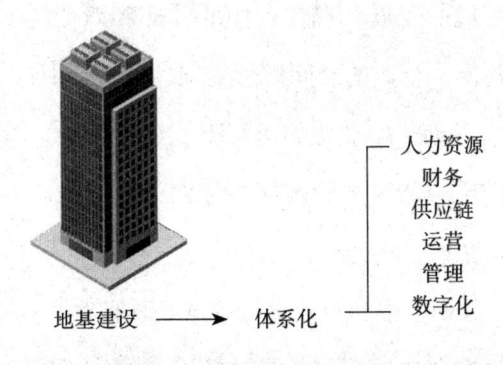

图 4-3　企业的软实力体系

软实力体系化是实现个人能力走向组织能力的关键，主要实现路径就是流程化和结构化。其中流程化就是复制这条路，从成功走向成功；而结构化是拼拼图、搭积木，构建不同的组织形态，获得需要的组织能力。常见的一些软实力体系有：4R 制度执行体系、PDCA 管理体系、联想的复盘体系等。

■ 中小企业正式组织搭建关键按钮

（1）按钮 1——组织架构

组织架构的好坏直接决定了整个组织的运营效率和能力建设。传统的组织架构类型有：职能型组织架构、产品型组织架构、地域型组织架构、客户型组织架构、矩阵型组织结构和事业部制组织结构。

随着时代的发展,现代企业的外部环境变得不稳定,变化速度比较快;企业的时间观念变强,强调以时间创造价值。为适应这些特点,扁平化的组织架构应运而生。扁平化的组织架构管理层级较少,管理权力相对下放,如企业中台典型架构,被高度扁平化为"后台+中台+小微企业(前台)"的三级结构。其中,中台负责进行数据共享和业务资源共享。

组织架构会根据企业的具体情况进行调整,任何人事的变动、部门的变动都意味着组织架构的重新设计。比如下面这个例子(如表4-3),就具体比较了四种分权制形式的生态型组织程度。

表4-3 四种分权制形式的生态型组织程度比较

维度	职能分权制	联邦分权制	模拟分权制	平台分权制
核心特征	以任务为中心	以成果为中心	以契约为中心	以价值为中心
A.敏捷性	+	++	++	++++
B.生物适应性	+	++	++	++++
C.信任	++	+++	+++	+++++
D.决策灵活性	++	+++	+++	+++++
备注	"+"表示每一种组织形式符合A、B、C、D四种标准的程度,"+"越多表示符合程度越高。最低为一个"+",最高为五个"+"			

（2）按钮2——MP&PTA

企业确定好组织架构以后，还要确定两个方面的内容：职级晋升通道（通过MP）和岗位说明书（通过PTA）。

MP职级地图的核心是双梯制发展体系，员工的职业生涯成长走的就是这个体系（如图4-4）。

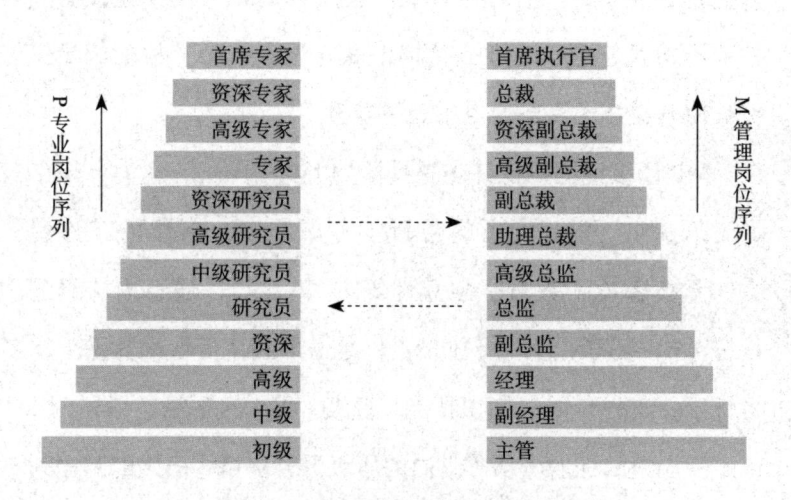

P专业岗位序列	M管理岗位序列
首席专家	首席执行官
资深专家	总裁
高级专家	资深副总裁
专家	高级副总裁
资深研究员	副总裁
高级研究员	助理总裁
中级研究员	高级总监
研究员	总监
资深	副总监
高级	经理
中级	副经理
初级	主管

图4-4 MP双梯制发展体系说明

MP双梯制发展体系的作用具体包括：

第一，MP双梯制发展体系明确规划出了员工的上升通道，突破性地解决了员工自我定位和发展路径的问题，使员工对自己在企业中的位置有了非常清晰的认识，提高了员工工作的积极性和自觉性。

第二，激励员工提升能力，发挥每个人的才能和专长，促使员工往更高的职级发展，提高员工对自己未来职业发展的预期。

第三，增强员工的成就感和工作满意度，进而提高员工对组织的忠诚度，有利于组织吸引和留住人才。

第四，由于企业管理职位的有限性，为了避免所有员工都拥挤在狭窄的"管理独木桥"上，同时也为使一些没有兴趣或不擅长管理的专业人员能够获得晋升机会，故根据员工特长使其在技术纵向通道中获得晋升。

MP职级地图的设计步骤具体如下：

第一步，设置通道的数量（考虑维度：岗位的工作特点、重要程度、数量、独立性等）。第二步，通道内层级的划分（M通道即管理层数量；P通道即技术等级的数量。参考标准：工作年限、知识技能、业绩、能力水平等）。第三步，确定各层级的任职资格（纵向的职级晋升资格、横向的跨序列拓展资格、晋升资格设定、晋升流程方法）。第四步，积分制晋升方法（积分对应岗位）。

MP职级地图示例如表4-4所示。

PTA岗位说明书是对员工工作内容的汇总，能清晰定义员工的工作事项，界定员工的工作责任，具有以下作用：

第一，岗位认知：知道自己应该做什么，知道自己什么

4 BLM 模型的战略执行：正式组织

表 4-4 某电商 MP 双梯职级发展体系

M系列（管理类）		职级代码	P系列（专业类）							
职业代码	职级称谓		客服（售前、售后）	运营	设计（美工）	推广	出纳	人事（行政）	采购	销售
M13	总经理									
M12	副总									
M11	高级总监									
M10	总监									
M9	高级经理									
M8	经理	P11								
M7		P10			资深设计师导师			高级人力资源师		高级销售工程师
M6	高级主管	P9			高级设计师导师			中级人力资源师		中级销售工程师
M5	主管	P8		运营导师	设计导师师			初级人力资源师	资深采购专家	销售工程师
M4		P7	高级客服专家	资深运营专家	高级设计师	资深推广专家	高级专家	高级专家	中级采购专家	中级销售专家
M3	高级组长	P6	中级客服专家	高级运营专家	中级设计师	高级推广专家	中级专家	中级专家	中级采购专家	初级销售专家
M2	中级组长	P5	初级客服专家	中级运营专家	初级设计专员	中级推广专家	专家	中级专家	采购专家	资深业务经理
M1	组长	P4	高级客服专员	高级运营专员	高级设计专员	高级推广专员	高级专员	高级专员	资深采购专员	高级业务经理
		P3	中级客服专员	中级运营专员	中级设计专员	中级推广专员	中级专员	中级专员	高级采购专员	中级业务经理
		P2	初级客服专员	初级运营专员	初级设计专员	初级推广专员	专员	专员	中级采购专员	业务经理
		P1							采购专员	
		P0		运营助理	设计助理	推广助理			采购助理	助理业务经理

时候应该做什么,形成岗位职责和工作内容地图。

第二,自我管理:对工作持续深入了解;快速应对工作变化;规划工作,运筹帷幄。

第三,员工管理:不断重新定义员工工作,帮助员工理解工作,让辅导教练有章可循。

PTA岗位说明书的构成如下(如表4-5):

先通过三级岗位说明任务系统,包括P——position岗位,T——task任务(职责),A——action行为(具体工作);之后明确每个岗位的职能(岗位说明书),下派或协同任务,对员工的任务完成和晋升过程进行跟踪和记录,通过高质量的描述行为来实现员工的高效管理。比如,HRM(人力资源部经理)是一个P;HRM要完成的职责任务就是T,包含T1(培训)、T2(招聘)、T3(推动企业文化建设);每一项职责的

表4-5 PTA岗位工作内容体系

P(岗位名称)		
T(职位描述)	A(行为描述)	行为周期
T1	A1	
	A2	
	A3	
T2	A1	
	A2	
	A3	

关键行为构成就是 A1、A2、A3、A4、A5……

PTA 岗位说明书的编写主要包括三个步骤：

第一，员工主要工作：罗列自己的工作，每个员工对自己的工作进行分类标注。

第二，上级主要工作：以你对员工工作的了解，查漏补缺。

第三，指定人员主要工作：待上级整理完成后，所有的工作都要汇总到指定人员处。

（3）按钮 3——制度 & 机制

SOP（standard operation procedure），即标准作业程序。"现代管理学之父"彼得·德鲁克（Peter F. Drucker）说过："SOP 就是将工作 know-how（知道怎么做）归纳整合成书面化制式规范，让即使不熟悉作业方法的人也能快速进入状况，以正确的方式，做出正确的事。"

SOP 的作用具体如下：

第一，标准化，提高工作效率和质量。

第二，在最短的时间里培养新员工，使之达到技能熟练的程度。

第三，保障企业业务稳定健康发展，不会因个人离职、休假等而导致业务中断或出现差错。

绩效飞轮

第四，将企业积累下来的技术、经验记录在标准文件中，并不断优化，可以促使企业站在前人的基础上前进。

第五，有利于管理、检查及审计，也是责任追溯的重要依据。

第六，树立良好的生产形象，取得客户的信赖。

（4）按钮4——全绩效管理

绩效管理的主要目的不是考核，不是扣钱，而是绩效达成与改善。在我看来，"绩"指业绩，即员工的工作结果；"效"指效率，即员工的工作过程。绩效＝结果＋过程＝做了什么＋能做什么。所以真正的绩效管理应该是对结果和过程的全方面管理，而不是只对结果进行考核。

全绩效管理体系的结构如图4-5所示：

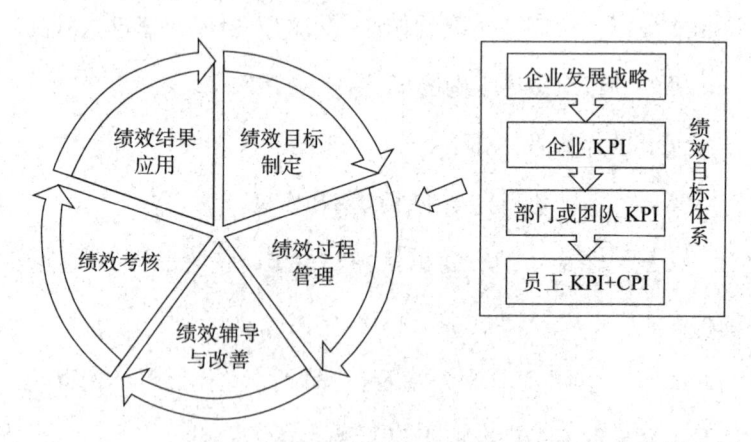

图4-5 全绩效管理体系举例

绩效管理不是 KPI 的制定，而是绩效目标的制定。正如彼得·德鲁克所说："公司管理约等于绩效管理，绩效管理约等于目标管理。"所以绩效管理的基础是目标管理，目标管理的基础则是 KPI。

想要确保企业持续发展，就需要全绩效管理体系的帮助。全绩效管理通过循环前进，帮助企业甩掉"垃圾"，促使个人成长、部门前进和公司发展。全绩效管理流程具体包括五大步骤：目标制定、过程管理、辅导与改善、绩效考核、结果应用。

全绩效管理流程中的目标是 KPI（结果性指标）和 CPI（过程性指标）相加得到的。基于公司制度/流程和部门职能的 CPI（common performance indicator，一般业绩指标），也就是影响公司基础管理的一些指标，体现的是企业内各层次的履行规定与职责的基础管理要求。CPI 是 KPI 得以实现的保障，也是考核依据，其表现为行为可评价的指标、过程要求。KPI 的来源是公司的战略发展要求及整体目标，CPI 的来源是公司制度/流程和岗位工作地图。

KPI 和 CPI 的关系如下：

第一，KPI 源于战略，CPI 源于流程制度与部门职能。

第二，KPI 关注战略要求的结果，CPI 关注工作流程。

第三，CPI 是 KPI 的支撑，两者都可以作为考核依据。

第四，越是基层，过程控制就越重要，考核行为的CPI比重就越大。

第五，KPI强调的是结果，CPI强调的是过程。

绩效目标的维度借鉴了BSC平衡计分卡，包括四个维度，即财务、内部营运、客户、学习发展，由这四个维度形成了员工绩效目标图谱（如图4-6）。

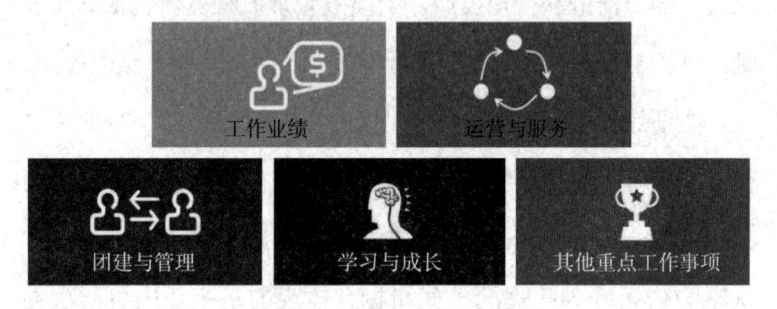

图4-6 员工绩效目标图谱

同时，企业制定目标应遵守SMART原则（如表4-6）：具体明确的（specific）、能够衡量的（measurable）、可以达到的（attainable）、相互关联的（relevant）、时间限制的（time-bound）。

最后企业需要明确目标由谁来考核，目前主流选择的人员是：自评、直接上级、下属、平级同事、顾客、外界专家。主流应用的考评方法为：自评、上级量分、上级的上级核准。

表 4-6 制定目标的 SMART 原则

specific 具体明确	measurable 能够衡量	attainable 可以达到	relevant 相互关联	time-bound 时间限制
具体行动是什么	使用什么标准来衡量	是否可实现 是否有挑战性	与上司确认是否合适	实现目标的期限
要做什么 何时做 如何做 做到什么程度 产生什么影响	成本 数量 质量 时限	是否有足够的资源、技能和支持	一致性还表现在公司目标、部门目标、个人目标是连贯的，朝着总目标协调一致	控制点、阶段性标志、里程碑

当然，正如著名管理学家加里·哈默尔（Gary Hamel）所说："未来的考核是用户评价。"在未来，绩效考核将不再局限于内部相关人员，而是呈现出向外开放的趋势。

(5) 按钮 5——分钱与薪酬

企业要和员工分钱，但不是只谈钱；企业要和员工利益共享，而不只是利益驱动。企业在发展过程中的薪酬设计要让员工有动力、有积极性，这可以通过"人性—激励"的二元四象限模型来实施（如图 4-7）。

"顺人性—正激励"象限：没有惩罚，只有激励！

在这个象限中，企业采取的是完全正向的激励模式，符合员工的根本利益，完全顺应人性。比如股权激励，就是一种典型的正向激励形式。华为的 TUP 激励计划，就是基于员

绩效飞轮

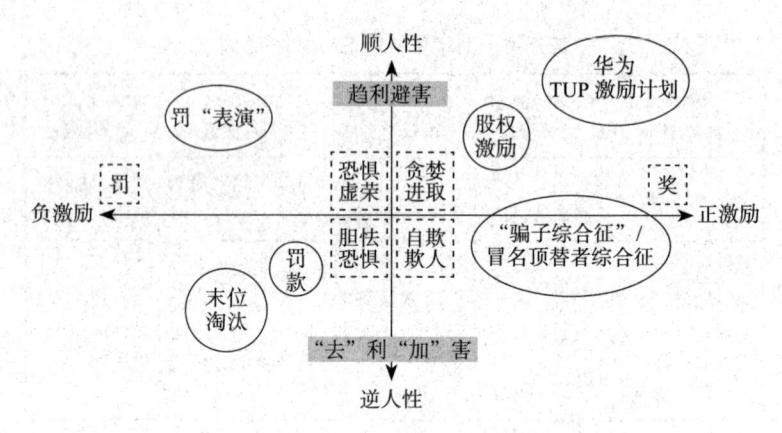

图 4-7 人性—激励的二元四象限模型

工以往的贡献和未来发展潜力所确定的长期奖金分配方案，而且不需要员工花钱购买，是绝对的正向激励方式。下面让我们具体了解一下华为的 TUP 激励计划。

TUP（Time Unit Plan），译为"奖励期权计划"，是现金奖励的递延分配，属于中长期的一种激励模式，相当于预先授予一个获取收益的权利，但收益需要在未来 N 年逐步兑现（也可以跟业绩挂钩）。华为的 TUP 激励计划主要适用于新入职员工：

第一年，往往是新入职员工的适应期，公司培养员工多，其贡献还无法提现，员工在第一年没有分红权。

第二年，员工已经适应华为的节奏，工作技能熟练起来，开始有贡献，员工在第二年有 1/3 分红权。

第三年，员工专业技能更娴熟，深入了解了企业文化，对公司的贡献更多，可以取得 2/3 分红。

新生代员工大部分都比较看重短期利益，员工如果一进公司就能够得到这种激励，那么公司就很容易留住这些人才了。

"顺人性—负激励"象限：罚亦有道！

在这个象限中，基于虚荣或恐惧的人性，企业往往采取负向激励的方式，但又要顺从人性。因此，结合了顺人性和负激励看似两种不兼容的维度，现实中尽管企业做出彩的不多，但这并不意味着企业在此区间无所作为。恰恰相反，越是在此组合下，越是能彰显企业的管理智慧和创造性，越是有超于一般激励手段的效果。

"逆人性—负激励"象限：从罚款到踢你出局！

在这个象限中，企业往往是逆着人性中的"趋利避害"，基于胆怯恐惧的人性，采取了负向激励的方式。诸如罚款、降薪、降职、除名等都属于此范畴。对比"顺人性—正激励"象限中的各种做法，这个象限就是完全的逆操作，相当于"去"利"加"害于人。以罚代管，因为简单粗暴、直接有力，成为企业惯用的手段。

罚款是我们最常见的逆人性、负激励的形式，也是最经典的惩戒手段。迟到了要罚款，早退了要罚款，违反了公司

绩效飞轮

行为纪律要罚款，完不成任务要罚款，等等。"罚"，犹如一柄达摩克利斯之剑悬在你的头顶，让你恐惧、忧虑；落下来了则令你心痛，使你迷途知返、改进方法。

如果说罚款是针对恐惧人性的"挠痒痒"，那么"踢你出局"就是针对恐惧人性的"要你命"。不少企业在员工绩效考核上都有末位淘汰制度，便是典型的"踢你出局"的硬核操作了。

"逆人性—正激励"象限：效果让人不断上瘾！

在这个象限中，从根本上说，企业往往是逆着人性中的"趋利避害"，基于"自欺欺人"的人性，采取了正向激励的方式。这种方式开始有点顺人性，短期内能够催人奋进。但因为损害了个体的根本利益，违背了人性，从长期看，虽是正激励，却是逆人性的。

这种激励源自人的一种心理状态，即骗子综合征（impostor syndrome）（也称作冒名顶替者综合征）。我们在试着走出心理舒适区时，常常会遇到一个障碍——觉得自己沽名钓誉，没有真才实学，不配拥有自己想要的一切，因此得拼命工作，才能弥补和掩饰自己的不自信。如果业绩做好，得到老板褒奖，甚至升职了，就会更加不安！因为一方面我们会觉得业绩好只是碰巧而已，另一方面外界对我们的期望也更高了,所以我们还得加倍付出才行。如此循环往复,便是典型的骗子综合征的症状。

骗子综合征有"骗己骗人"的效果,对企业来说,可以低成本拿来激励员工。很多顶级公司对员工的心理不安全感毫不避讳,甚至会刻意"开发利用"。这些机构在内部沟通中明确表达了希望招募"不安全的专业人士(insecure over achievers)"——当然,在公开场合他们不会这么讲。"不安全的专业人士"往往能力极强,野心也大,但驱动他们的却是内心对自身缺陷和不足的恐惧。

所以对员工心理不安全感的利用,往往从招聘录用环节就开始了。"我们是行业内最顶尖的公司,你加入了我们团队,这证明你足够优秀。"注意该表述逻辑,"被顶尖公司接受"构成了员工心理安全感的一种补偿品。

由此可见,虽然这种激励是正向的,短期看符合部分人性,但长期看,不仅不符合人的根本利益,反而有害得多,明显违逆了人性,需要企业慎重使用。

上面讲了企业分钱时可以用到的四个象限,下面我们再来看一下企业的薪酬如何制定。

薪酬的内容包括:基本工资、绩效工资、绩效奖金、特殊奖励、年终奖、福利等。其中,绩效工资与绩效奖金这两个词我们可以经常看到，它们的区别在哪里呢？

绩效工资与考核挂钩，如果一个人的工资是8000+2000，那么2000就是绩效工资，要根据这个人考核得分，给出2000中相应的比例工资。

绩效奖金可以分为个人绩效奖金和团队绩效奖金。个人绩效奖金，如员工A一个月最低完成数是5件，完成5件后，每多完成1件，就会多得100元，这就是绩效奖金。团队绩效奖金，如公司拿出利润（假设1000万元）的2%（20万元）作为奖金池，参与分配奖金的每个人根据各自的绩效系数，从奖金池中分走相应比例的奖金。所以，绩效奖金代表的是超出基础任务的额外奖励。

那么绩效奖金应该如何发放呢？具体包括以下三个步骤：第一步，确定奖金池大小（两个维度：公司整体业绩、员工基本工资总额）。第二步，确定发放的对象（两种方式：普遍发放、区别对待）。第三步，制定发放标准（三个维度：岗位系数、个人绩效考核系数、工作年限）。

（6）按钮6——积分制管理

积分制管理就是把员工对企业有价值的活动与一定的分数挂钩，之后企业根据员工所得的分数给予一定数量的回报，如福利和物质奖励等。

孟子曾以"民为贵,社稷次之,君为轻"来论述治国之道,在市场经济主宰社会发展的今天,孟子的话对企业发展仍具有积极的作用。员工为民,老板即君,企业就是社稷。积分制管理模式恰恰印证了孟子的管理思想,强调重视培养、发掘员工和企业休戚与共的意识,注重在每一个工作细节激励员工的工作热情,用合情合理的制度将员工与企业有机结合,真正使每位员工都成为企业充满活力的细胞!积分制管理的最大特点就是将"民(员工)为贵"思想发挥到极致。民皆用命,则社稷(企业)永固。

积分制管理是市场营销学中客户服务思想与人力资源管理结合的产物。员工被当作企业的内部客户,企业想要留住心仪的员工,除了保持员工的满意度外,还可以通过制定与员工利益相关的制度"锁定"员工。

积分制管理对企业的积极作用是:

第一,提高制度执行力。实行积分制后,员工的违规违章行为由扣钱改为扣分,变得人性化,员工得到处罚的信号,但不会直接被扣钱。每个管理人员都有奖扣分任务,这会让企业做到不管老板在与不在,都有管理人员做好管理。

第二,打破大锅饭的制度。实行积分制管理后,员工的

绩效飞轮

积分名次排位清清楚楚，各种福利待遇和积分挂钩，取消平均分配。

第三，符合人性。让表现优秀的员工不吃亏，激励作用得到的效果不断累加。不需对员工洗脑和做过多思想工作，重视积分带来的好处与不重视积分的坏处显而易见。

第四，留住员工。员工累计积分越高，对应的福利数量就越多，层次就越高。而员工一旦离开企业，就必须放弃这些福利，绩效越好的员工放弃的福利成本越大。

为了留住员工，我们从理论和实践上提出了诸如感情留人、事业留人、待遇留人等许多有建设性的理念和做法。这些做法都是基于一个前提假设：让员工满意。如果员工对企业的"感情""事业""待遇"等不满意，企业也只能听之任之。积分奖励制度则不同，是把优秀员工长期努力积淀的福利利益变成"锁定"员工的"金手铐"！一次奖励分别解决了精神、荣誉、物质三个层面的问题，可谓一举三得。

■ 组织能力

组织能力（organizational capability）指的不是个人能力，而是一个团队（不管是10个人、100个人还是100万个人）所发挥的整体战斗力，是一个团队（或组织）竞争力的

DNA，是一个团队在某些方面能够明显超越竞争对手、为客户创造价值的能力。

（1）真正的组织能力所具备的四个特点

第一，独特性。

第二，深植于组织内部。

第三，不依赖于个人。

第四，可持续性。

（2）组织能力落地必须有三个支柱的支撑

第一，员工能力：会不会？

第二，员工思维：愿不愿意？

第三，员工治理：容不容许？

绩效飞轮

互联网时代的组织管理

■ 互联网时代组织的变化

在移动互联网时代，组织正在发生以下三个重要的变化：

第一，强个体的价值崛起。

在强个体的价值崛起的今天，越来越强调人的个性张扬，维护人的个性，充分推动人的自主性。前文提过，理查德·桑内特的《公共人的衰落》一书中提到："自我是当今时代的新教伦理。"新成长起来的一代人都是移动互联网的原住民，他们已经不甘于去做螺丝钉了，他们必须成为主角。所以，任何一个组织的发展，如果忽视了个体的自主性，仍然把员

4 BLM模型的战略执行：正式组织

工当成雇员，那将是一件相当危险的事情。

第二，影响组织绩效的因素正在由内部转向外部。

为什么会存在组织这个形态呢？因为内部交易成本小于外部交易成本，所以组织的存在就有必然性。但是现在反过来了，也可以是组织外部的成本小于内部交易成本。这种形态存在的时候，给了我们一个新的思考方向，那就是企业是否还有存在的必要？我甚至提出了一个概念，未来没有公司，只有社群。虽然这个概念的提出有点超前，但我相信是有可能实现的。在过去的五六年里，急速发展崛起又急速衰落的微商，不就是呈现出了这样的组织形态吗？他们虽然没有所谓的严谨的组织形态，却创造出了一年超过六千亿元的交易产值，成为新商业文明当中的一个重要组成部分。

同时，影响绩效的要素也正在从内部转向外部，这是每一个人力资源工作者必须思考的问题。现在的员工受外在要素条件的影响速度与日俱增，这直接导致企业的离职率飙升，中小型民营企业的离职率甚至可以达到100%。企业压力越来越大，必须加以重视，把目光更多地放到企业外部环境的变化上。

第三，驾驭不确定性成为组织的核心挑战。

对现在的企业来说，不确定性因素正在加强，能否驾驭就成为组织的核心挑战。这种压力主要来自周围的环境或场景，以及组织的内外协同之间。这也意味着今天的组织形态较以前的组织形态已经有了很大的区别。

■ 互联网时代组织的运营模式

（1）互联网时代的组织方式

对于互联网时代组织的运营方式，阿里巴巴集团学术委员会主席曾鸣讲过这么一段话："以科层制为特征、以管理为核心职能的公司，面临着前所未有的挑战。组织的职能不再是分派任务和监工，而更多是让员工的专长、兴趣和客户的问题有更好的匹配，这往往要求更多的员工自主性、更高的流动性和更灵活的组织。我们甚至可以说，是员工使用了组织的公共服务，而不是公司雇用了员工。"

组织正在面临涅槃之道，每一个管理者都要思考一下组织应该如何变迁。以前"组织+雇员"的组织形态，正在面临前所未有的考验和挑战，并开始向"平台+个人"的组织形态转变。我们公司已经开始做个人月度损益表了，每人每月给公司挣多少钱、亏多少钱，一目了然。我意图打造一个"平台+个人"的公司，而不再是"公司+雇员"的模式。

4 BLM 模型的战略执行：正式组织

"平台＋个人"的模式一般都是倒金字塔式的，甚至很多出现了网络型、群落型的组织形态（如图 4–8）。我到很多公司去互动交流时，会发现他们的组织架构图一般都是正金字塔形，这是最传统的形式，但是对于目前的企业环境来说已经不太实用。目前流行的组织模式是，董事会做后台，中间做中台，小前端做前台，依然是后台、中台、前台的概念（如图 4–9）。

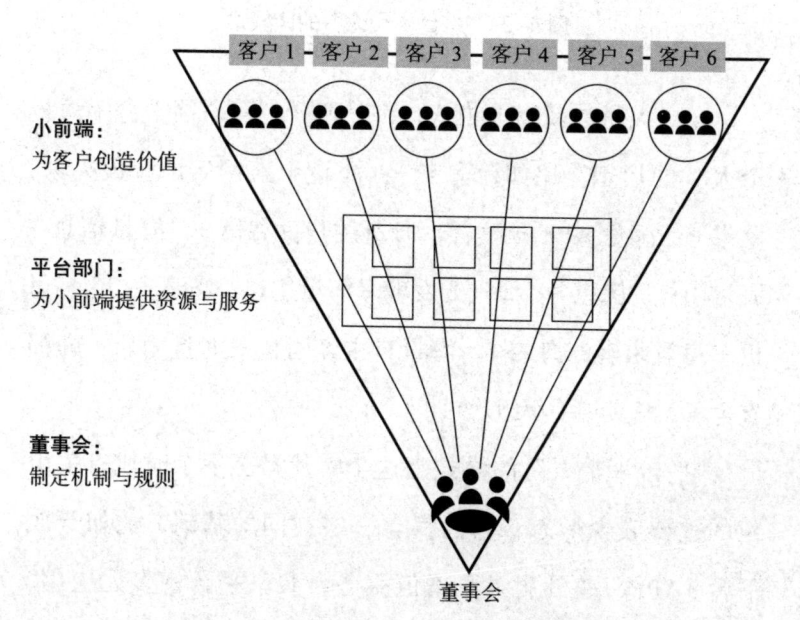

小前端：
为客户创造价值

平台部门：
为小前端提供资源与服务

董事会：
制定机制与规则

图 4–8 "平台＋个人"的倒金字塔模式

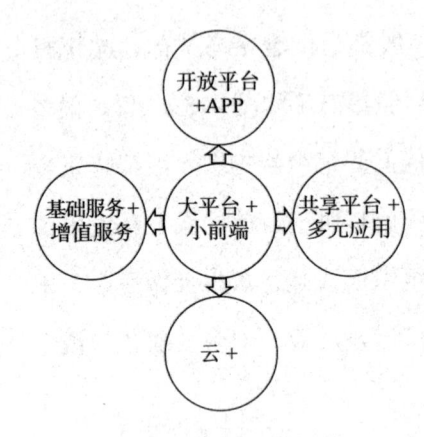

绩效飞轮

图 4-9 "平台+个人"的新模式

  今天大量的新商业模式，都是基于"互联网平台+海量个人"的形态。比如，淘宝+：海量个人网店+海量买家；苹果+：海量 APP 开发者+海量用户；谷歌+：海量信息+海量用户；腾讯+：海量开发者+海量用户；滴滴+：众多司机+海量乘客；海尔+：海量自主经营体+海量用户；韩都衣舍+：海量买手小组。

  "平台+个人"的模式是这个时代乃至下个时代有关组织的重要表现形态，它们都有一些共同的基础，比如开放平台+APP、基础服务+增值服务、共享平台+多元应用、云+等。

（2）韩都衣舍以"小组制"为核心的运营模式

韩都衣舍的运营模式是由一个个小组构成的，每个小组3~5个人，中间有很多公共服务部门，后面有董事会，包括高管团队、创始团队做支撑，形成一个倒金字塔式的完整组织结构（如图4–10）。

产品小组：
为客户创造价值

公共服务部门：
为产品小组提供资源与服务

董事会
（包括高管团队、创始团队）：
制定机制与规则

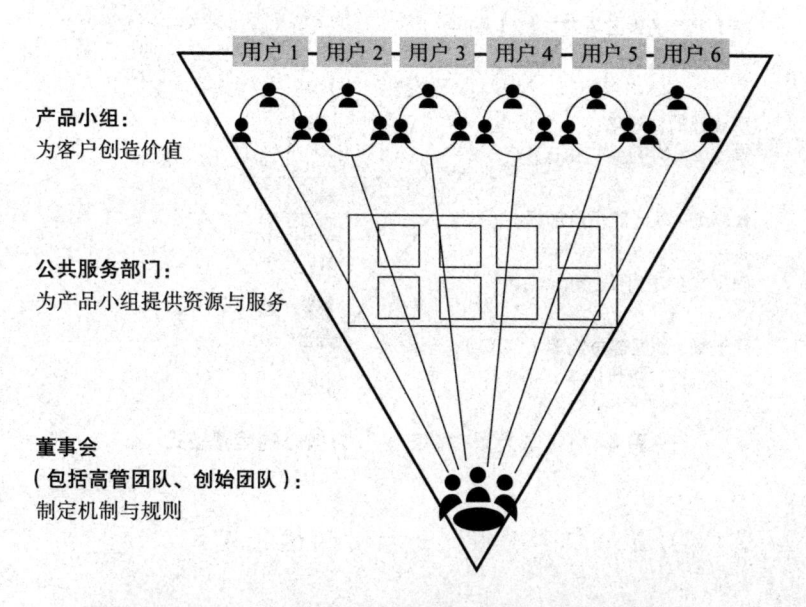

图 4–10 韩都衣舍以"小组制"为核心的运营模式

（3）华为以"铁三角"为核心的运营模式

华为的运营模式值得很多 to B 企业去研究。华为的组织机构是一个倒金字塔式的铁三角（如图4-11）。华为的整个业务团队也是一个铁三角，代表整个业务触角由三个人构成，分别是 AR（客户经理/系统部部长）、SR（产品/服务解决方案经理）、FR（交付管理和订单履行经理）。AR 找客户，SR 写方案，FR 去交付实施。

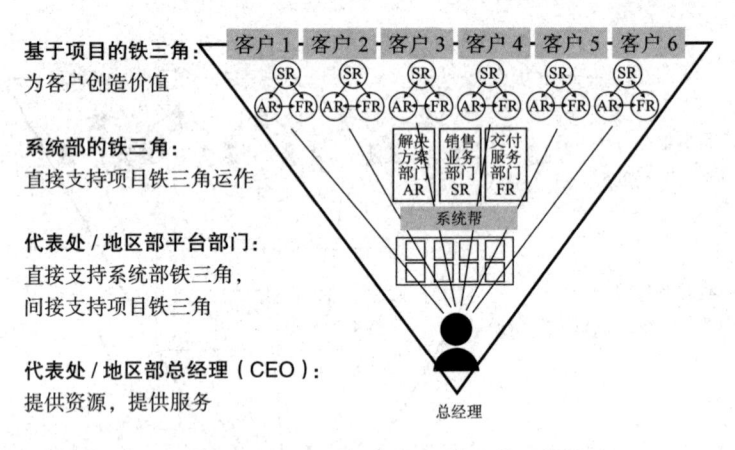

基于项目的铁三角：
为客户创造价值

系统部的铁三角：
直接支持项目铁三角运作

代表处/地区部平台部门：
直接支持系统部铁三角，
间接支持项目铁三角

代表处/地区部总经理（CEO）：
提供资源，提供服务

图 4-11 华为以"铁三角"为核心的运营模式

（4）海尔以"小微"为核心的运营模式

海尔的运营模式也是一个典型的倒金字塔结构，包括后台、中台、前台（如图4-12）。前台有大量的小微创业体、小微经营体、小微自主体，大量的小微生态圈构成了海尔整个组织发展的进阶。从原先的正三角组织到倒三角组织，然后变成自主经营体、利益共同体和创业生态圈，海尔近几年的再次腾飞，就是以组织变革、组织转型为核心进行的。

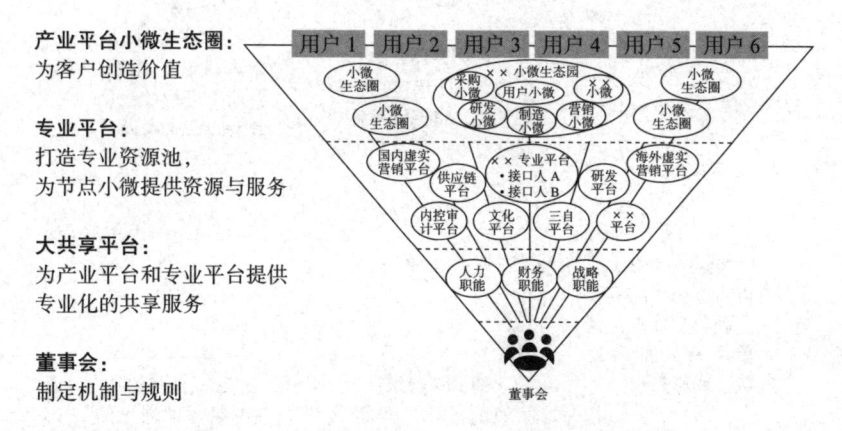

产业平台小微生态圈：
为客户创造价值

专业平台：
打造专业资源池，
为节点小微提供资源与服务

大共享平台：
为产业平台和专业平台提供
专业化的共享服务

董事会：
制定机制与规则

图 4-12　海尔以"小微"为核心的运营模式

组织是有多种形态的，比如小农组织、职业化组织、商业组织、非营利组织。随着企业的发展，组织的形态也要有相应的演变。我们看海尔的组织发展路径，就是由传统的组织模式向生态型组织发展。这也是目前比较热门的组织形态——共生型的组织形态。共生型组织在组织内部减少了管理层级，破除了传统组织中自上而下的垂直高耸结构，简化了烦琐的管理层级，将权力下放到基层，让组织内部更具灵活性和流动性，让组织成员感受到更多的自主与发展空间（如图 4-13）。

绩效飞轮

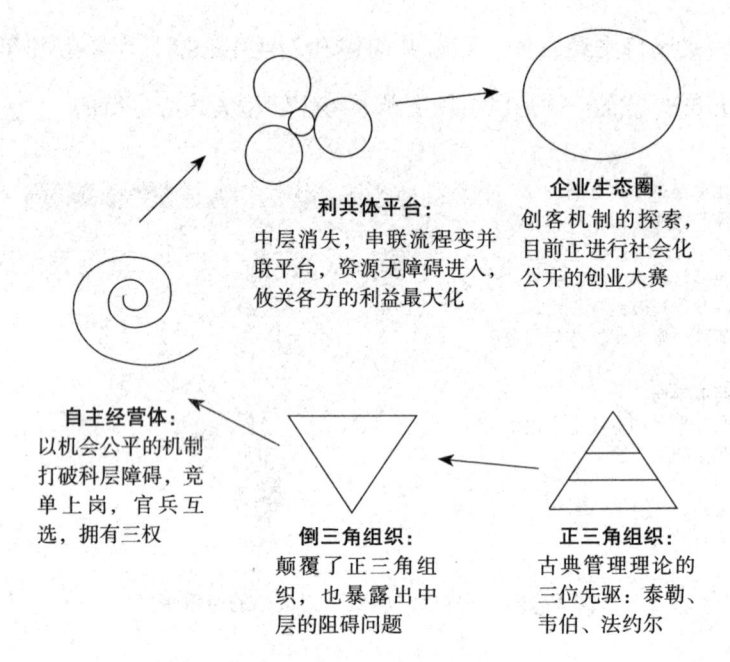

利共体平台：
中层消失，串联流程变并联平台，资源无障碍进入，攸关各方的利益最大化

企业生态圈：
创客机制的探索，目前正进行社会化公开的创业大赛

自主经营体：
以机会公平的机制打破科层障碍，竞单上岗，官兵互选，拥有三权

倒三角组织：
颠覆了正三角组织，也暴露出中层的阻碍问题

正三角组织：
古典管理理论的三位先驱：泰勒、韦伯、法约尔

图4-13 海尔的组织演变过程

以下是共生型组织的四个基础路径是：

第一，共生信仰。企业全体人员的信仰要一致。

第二，顾客主义。以顾客为中心，顾客是组织成员间唯一的价值集合点。

第三，技术穿透。在共同技术平台与标准下，组织成员之间能够形成一致的行为准则、沟通语境以及价值判断，能够快速地分享信息，协同创新以及优势互补，最后赢得一个与之前完全不同的成长效率。我们把这套解决方案称为"技术穿透"。

第四，无我领导。领导者以"无我"打造组织系统的协同价值环境，并为每一个组织成员赋能。

上面这些企业之所以能够成功，是因为它们自始至终重视组织，以组织的生命力作为企业发展的支撑，从而在组织发展的过程中充分思考战略的发展、转型等问题。

（5）"快闪组织"模式

现在还出现了一些新的组织模式，比如很火的"快闪组织"。快闪组织一般就做三件事：搭团队、做任务、说再见。整个过程干净利索，没有一点拖泥带水。快闪组织里的"员工"都是自由职业者，他们中的大多数人相互之间从未见过面，整个组织的存在只为了完成一件事，然后立马解散。很多正常的组织可能还用不到这种快闪组织模式，但是已经有一些年轻人开始运用这种组织方式，因为他们喜欢这种自由的形式，而且大家聚焦于同一件事情时，效率也会变高很多。

■ 组织中的人力资源管理发展

（1）人力资源的六大模块发展

很多HR认为自己非常专业，对人力资源的六大模块——人

绩效飞轮

力资源规划、绩效管理、招聘配置、培训开发、薪酬福利、劳动人事关系，都能说得头头是道，倒背如流。但是很多 HR 会发现这样一个问题，就是自己虽然很专业，但依然不能让 CEO 满意。有太多的 HR 在关注所谓的自身专业性，而忘了组织本身最重要的灵魂。根据多年实践经验，我把人力资源的六大模块内容归纳为两大块，分别是：

第一，为战略目标的实现配置人力。

第二，为战略目标的实现激活士气。

有些 HR 是干了配置人力的事，但是从来没有想过怎么激活士气。其实激活士气是大多数 HR 都会忽略或者干得很差的事情。我们再来看一下六大模块，其中的人力资源规划、招聘配置、培训开发，就是为战略目标的实现配置人力，而绩效管理、薪酬福利、劳动人事关系，是为了战略目标的实现激活士气。但是很多 HR 都没有做好后面三个模块，导致自己做了很多工作，却依然没有达到 CEO 的标准，企业的劳动人事关系管理也完全没有被激活。

（2）组织建设的魂在哪里

我们再从组织这个角度看一下组织建设的魂在哪里。其实就是"出领导"。一个优秀的组织，就是能持续不断地出好

4 BLM 模型的战略执行：正式组织

领导。一个组织不出好领导，怎么发展？怎么传承？怎么会有好的绩效呢？

企业想要不断有好领导出现，就要对企业的组织建设下功夫，多看多学优秀组织的管理方法。除了组织管理本身的知识要学习外，企业还必须掌握其他学科的知识，才能真正把组织建设好。其实，组织管理是一门交叉学科，涉及社会学、管理学、心理学……企业要想真正掌握到组织管理的内核，就要进行综合性学习，而不是只学习单一的管理学知识。企业只有把这些知识融会贯通，才能通过组织管理培养出更多的人才，使企业未来的发展更为通顺。

（3）组织管理——从"分"到"共"

西方管理学在过去的很多年里都在研究一个"分"字，而现代组织研究的则是"共"字。从"分"到"共"，就是组织管理发展的重要变化。西方管理学研究的"分"，主要是：责、权、利。而今天这个时代，仅仅会"分"显然不够，"共"的思维逐渐成为组织管理中的主流。

"共"的主要内容是：共创、共享、共治、共生。共创：人人都是价值的创造者。共享：大家共同享有财富，共享资源信息。共治：每个人都可以在组织中实现自主管理。共生：

从原先的雇佣关系、主从关系变成互为主体关系。共生的核心在于互为主体关系，而不是寄生关系。传统的组织形态中，员工是寄生关系，寄生在组织形态当中。而今天所倡导的组织关系是共生关系，这种主体关系是不一样的，企业和员工的关系开始发生根本性的转变，员工的自主性变得更强。想要实现共生，企业就必须做到共创、共享、共治。

■ 开放的组织——正式组织、非正式组织与自组织

组织可以分成正式组织、非正式组织和自组织。其中，正式组织是强组织，非正式组织是弱组织。企业在组织建设时，可以在正式组织当中添加非正式组织，以这种方式转变组织形态。

比如，我们公司有五个"官"，都是非正式组织的负责人，我本人是首席创新官，其他四个是首席快乐官、首席高效官、首席简单官和首席品质官。首席快乐官负责整个组织的快乐问题；首席高效官作为我的助理，负责高效的问题；首席简单官负责把组织中遇到的复杂问题变得简单；首席品质官主要负责提升组织中的产品和服务品质。

首席快乐官：致力于增加员工福祉的职位，帮助员工拥有自信、进取、快乐的职场态度。快乐的心情是激发梦想和

创新的燃料,员工越快乐,就越能有创造性。此外,他还负责诊断员工的情绪健康状况和办公室的工作氛围,带头组织庆祝、培训和其他类似活动,帮助员工明确自己的工作目标并且更好地完成工作,从而提高每个员工的工作满意度。主要工作内容包括:

1. 通过一系列小活动或小游戏来制造快乐的工作氛围。
2. 及时发现并缓解员工的负面情绪。
3. 制造正能量、传递正能量。

首席高效官:帮助整个团队把握高效的正确观念、掌握高效能力的职位。唯有员工高速成长,企业才能持续不断地发展。此外,他还负责打造高效办公区域,优化生产力,大幅提升工作效率。让员工在工作中拥有源源不绝的高效动力,产生激情与高效的良性循环。主要工作内容包括:

1. 成立与打理提效委员会。
2. 针对员工工作效率向公司提出改善建议和策略。
3. 推动公司激励机制和管理制度的改善。
4. 推动公司流程优化与结构优化。

首席简单官:专注于员工工作界面和用户界面的体验持续优化,致力于推动员工关系简单化、工作过程简单化、用户和公司业务互动简单化。"如无必要,勿增实体""断舍离""重要的事情只有一件",都是首席简单官需要身体力行并在公司范围内倡导的原则,且以此推动整个公司流程的简洁明快。主要工作内容包括:

1. 简化一切不必要的程序和内容。
2. 推动办公环境的简洁和整齐,物归其位,断舍离。
3. 持续推动用户对产品体验的升级。
4. 创造"简单明了"的沟通氛围。

首席品质官:专注于将服务高品质战略做实做细,提升公司品牌美誉度和忠诚度。只有不断提升服务质量,才能适应公司发展的需要,并使之成为持续发展的有力保障。此外,还负责加强员工培训,不断提高员工的综合素质;做好客户投诉接待与处理,把客户投诉作为宝贵资源;督促员工诚实守信,遵纪守法,遵守市场规则,在工作中做到及时、准确、热情、周到。主要工作内容包括:

1. 反对与改善一切工作中的"应付交差"现象。
2. 第一时间发现产品和服务的品质问题并推动改善。
3. 推动以"效果"为根本的培训落地。
4. 持续提升各个维度的客户服务水平。

首席创新官:公司或组织的高级创新领导者,聚焦于公司的创新目标和创新战略、创新能力和创新执行,以及创新

文化和创新活力,是负责跨部门、跨领域的高级创新领导者。主要工作内容包括:

1. 推动公司的创新目标制定和创新战略路线图开发。

2. 不断提升和优化公司的创新能力,增强公司从创意到新产品开发的执行力,提升创新效率。

3. 激发从个体到团队再到整个公司的创新活力。

综上所述,"一切自上而下的东西都会使我们变得脆弱,而且阻碍反脆弱性和成长;一切自下而上的事物都在适量的压力和混乱之间,反而能够蓬勃发展"。这是著名社会学家纳西姆·尼古拉斯·塔勒布(Nassim Nicholas Taleb)在《反脆弱:从不确定性中获益》中的观点。凯文·凯利(Kevin Kelly)也曾说过:"所有公司都难逃一死,所有城市都近乎不朽。"这是由公司的封闭性和城市的开放性决定的。一个组织如果想拥有适应环境的生存能力,就需要千方百计地开放自己。企业必须经常性地跟环境、自然、组织,乃至跟周遭的人进行互动,形成一个超级链接体。

优秀的组织一定是拥有共同的灵魂、共同的文化、共同的理念并做到共创、共享、共治、共生,使组织里的每一个人都愿意贡献自己全部的力量,推动组织更加顺利地发展下去。

组织发展新趋势

■ 背景分析：组织发展面临的考验与挑战

重大事件必然能催生很多新的模式，也必然会带来很多重大的改变，所以各行各业都要能够快速转到新的跑道上去，以应对未来更加不确定的时代。

彼得·德鲁克曾说："动荡时代最大的危险，不是动荡的本身，而是仍然用过去的逻辑在做事情。"面对这样一个严峻的危机，我们的人力资源工作方式、组织发展模式有没有进行任何创新改变，能不能感同身受企业所面临的重大考验和挑战？

4 BLM 模型的战略执行：正式组织

在企业面临相当危险的局面之下，人力资源应重新思考组织建设和组织发展，如果还是按照过去的逻辑，就会出现大问题。为了应对危机，老板可能会说："生产部门停工两天。""我们整个公司复工三天，调休两天。"按照企业实际情况和外部发展环境，企业需要制定出类似的一些举措。这样做的目的，就是让企业活下去。在这样一个危机时刻下的组织建设，企业各种紧急措施手段都需要马上实施出来。

在企业发展情况持续恶劣的状态下，老板和职能部门惯有的一些理解、员工的认知，以及对组织、企业的评判，都会在一定程度上阻碍举措的实施。这个过程是非常煎熬的，但企业必须坚持去做，这样才有机会逃离危机，生存下去。老板必须基于自己的判断，对整个公司组织的发展做资源的调度，在危机之下，通过严谨的背景分析，做出相对准确的判断。

■ 变革路径：不同阶段的组织建设与框架搭建

（1）从成本优势到生态优势

从20世纪90年代到21世纪初，组织建设已经从企业成本优势的组织发展存在模式，发展到了现在流行的生态优势建设模式。现在很多优秀的企业都有一个非常典型的定位，就是要获取生态优势。未来的组织形态或企业形态，肯定不是单独存在的形态，而是一系列组织作为一个联合体存在的形态。所有的企业都无法独善其身，这代表企业的组织形态也发展到了一个新的阶段（如图 4–14）。

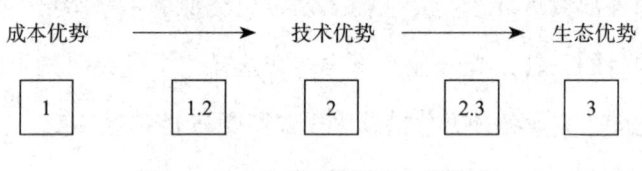

成本优势 ⟶ 技术优势 ⟶ 生态优势

| 1 | 1.2 | 2 | 2.3 | 3 |

图 4–14　从成本优势到生态优势

　　从成本优势转向生态优势，中间最难的部分是技术改造。其中，老的赛道是成本优势，新的赛道是生态优势。十家改革的企业中大概有七家企业最终走不到新的赛道，因为在从成本优势走向生态优势的过程当中，大多数企业没有技术优势，即使想做，也苦于没有先进技术的支持，只能无奈地接受改革失败的结局。

　　比如之前有一些企业，新冠病毒感染疫情对它们的影响相对小一点，因为它们早已实现远程办公，而且线上业务转型能力、应用互联网工具的能力也很强，其优势马上就显露出来了。这样的企业还能有机会大幅度超越竞争同行。

　　曾经有一个阶段，联想基于"贸工技"战略，做得很成功，

4 BLM模型的战略执行：正式组织

它把技术放在最后一位，把贸易摆在第一位。联想虽然在那个阶段取得了一定的发展，但是我们现在再看，联想的发展后劲乏力。而另外一家企业华为则采用了典型的"技工贸"路线，把技术摆在第一位。华为现在的量级已远远超过了联想。

所以企业的组织建设要有技术穿透，要知道怎样成为一家懂得应用互联网技术的企业。此外，企业如果搞老板崇拜，肯定也是要出问题的。企业要崇拜技术，而不要去崇拜老板（如图4-15）。

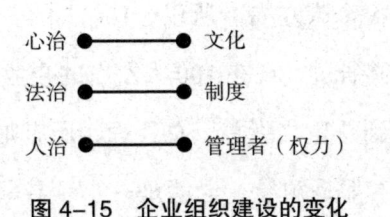

```
心治 ●————● 文化
法治 ●————● 制度
人治 ●————● 管理者（权力）
```

图4-15　企业组织建设的变化

企业规模小的时候可以靠人治，等企业规模大了就要靠法治，要用制度、标准、流程去解决问题。当企业的规模发展到一定程度以后，则要靠心治。这里面有两点需要企业注意：

第一，哪怕在法治的阶段，企业依然要有人治的存在，只是更为偏重法治。哪怕到了心治的阶段，人治、法治、心治也要三管齐下，只是重心在心治。但是在重大变革时期，要重新回到人治。

第二，组织建设对标学习的最重要的对象，不是欧美的优秀企业，而是我国的传统文化。要做中国式管理，而不是完全照抄西方，尤其要学习我们国家的组织动员能力。

（2）组织发展的几个趋势

第一，组织要更加扁平化。

企业的组织建设要更加扁平化。现在组织当中存在一个重要问题，就是领导太多了。按照西方管理学的观点，1个人的管理幅度是8个人左右。所以，100人的企业大概需要12个领导。我们调研过，现在100人左右的企业，平均有25个领导。从主管到总监、副总、总经理，所有加在一起，平均大概1/4的员工都是领导，也就是一个领导管3~4个人。企业的层级越多，管理起来越有难度，而且无形中增加了很多人事成本，造成组织的发展越来越艰难。所以组织的扁平化建设势在必行，只有把组织的领导层精简，企业才能省下更多的成本，把钱花到更有用的地方。

第二，经营小团队。

现在拆部门现象非常普遍，因为它符合组织发展的第二个要求：经营小团队。比如华为拆掉了人力资源部，把它分成了人力资源部和总干部部。华为认为"出领导"很重要，但这个领导要符合要求。总监级别的领导，未来会越来越少，因为总监级领导会越来越不专业，比如说今天的市场总监，你要让他又懂品牌，又懂活动企划，又懂新媒体，很少有市场总监能满足这些要求。遇到这种情况怎么办？只能把市场总监撤掉，根据企业的现实要求和未来规划，进行专项职能的专业设计，设计成不同的小团队。

有一次，我把我们公司新媒体部门的一个小组叫过来，问他们都是具体负责哪一块工作的。第一个员工说负责直播，第二个员工说负责社群，第三个员工说负责微信公众号，最后一个说负责短视频。我一看，一个小部门里就有多达四个工种，如果我想给这个小组任命一个部门经理，那么他必须要懂直播、社群、微信公众号、短视频，这类全能型的人才肯定很难招到。所以，如果你的企业也面临同样的问题，那么你不妨把大部门拆分成小团队，这样既方便企业管理，又能专人专岗，使组织的工作效率得到有效提高。

第三，考核周期变短。

现在组织发展还有一个很重要的变化，就是考核周期变短。以前很多企业一般只安排年考核、季考核、月考核。但是，现在外部环境的变化如此之快，组织建设的节奏也要跟着加快，我认为目前比较合适企业的是周考核。这样，企业就可以根据考核的结果迅速进行调整，进入到更好的发展模式上去。

（3）中台的建设

在过去的两年内，中台的理念非常流行，很多企业把组织的平台建设分为前台、中台和后台，但大都是在喊口号，大部分企业还是停留在理念认知的阶段，很少有企业真正用起来并实践到位，只有极少的企业在做一些落地工作。我认为，未来中台的建设会是大多数企业的选择，前台、中台、后台会组成一个个的业务端、业务小单元和项目团队，其中，中台有业务中台和数据中台，后台有人力资源、供应链、生产等，一起为前台的战略服务。

企业如果能做好中台的建设，就能进行数据驱动，之后共享服务中心。也就是把整个组织建设的过程进行梳理和流程化，把前台资源以及后台协同的内容全部整理到中台，然后大家就可以在中台调用自己需要的资源，而不是像以前那样，前台跟后台很容易产生割裂。特别是调用非常复杂的资源时，还要花费大量的时间和精力去做组织协同。现在通过建立庞大的数据中台，企业帮组织梳理好整个流程和资源，把所有相关的资源素材、数据信息、基础性的内容资源都准备好，可以按需随时调用。

■ 重塑组织：未来的组织形态

弗雷德里克·莱卢（Frederic Laloux）在其著作《重塑组织》中，将组织分为七种形态，按颜色表述为：红外、品红、红色、琥珀、橙色、绿色、青色。其中最厉害的组织形态是青色的组织。

对比其他组织形态，青色组织的三大突破是：自主管理、完整性、进化宗旨。只有发展到了青色组织阶段，我们才能真正理解以下各种关系：自由与责任、独处与合群、利己与利他。正如加里·哈默尔所说："未来的组织没有层级。我把海尔和谷歌、微软等公司放在一起比较，发现这些伟大的公司最基本的创新单元都非常小，而且人数非常少，有利于灵活地面对市场。"

在传统的组织管理中，企业对员工的基础假设是：

很懒惰，因为工作时间被严格控制，员工只要迟到就会受罚，根本不管迟到的原因为何。

不可靠，因为他们的任务由他人安排，而安排者看来也不怎么可靠，因为安排者也要被抽查。

不聪明，需要有其他部门替他们动脑子。

继续一味管控可能会导致企业的发展更为艰难，因为恐惧孕育恐惧，信任滋养信任。传统的层级制本身包含了太多的管控机制，从本质上讲，它是专门滋生恐惧与不信任的机器。

互联网的员工天生就是玩家，而不是小兵；互联网的原住民就是自主的个体，而不是机器人。控制带来的是服从，自主带来的是投入。青色组织没有不重要的成员，每个人都将同时接触到所有的信息。这种"无秘密"方式涵盖了最敏感信息在内的所有数据，比如财务数据、薪酬以及每个团队的绩效结果等。

同时，在青色组织里，管理的任务（设定方向与目标、规划、指挥、控制与评估）并未消失。只是这些任务不再仅集中于专职的管理角色，管理任务已经被分散得无处不在，更准确地说，尽管（也正由于）没有了全职管理者，但在进化型组织中的任何时候都有更多的管理和领导在发生。

在这里，员工可以全然地做自己。没有监管的老板，没有需要去控制的下属，也没有可能成为对手的同侪，员工终于可以放下防备专注于需要做的事情了。现在很重要的观点就是员工自主管理，即不要高管，没有管理层，公司也不需要所谓的管理存在了。自我管理已经成为这个时代最主流的一个特征，这一点是毫无疑问的。

之前疫情严重时很多人在家办公，时间久了会发现一个小规律或者小特征，那就是在家办公的效率竟然超过了在公司办公的效率。在我看来，产生这种现象的主要原因是，在家办公使员工的自我驱动得到了极大程度的满足。来到公司上班，在疫情期间不能出去拜访客户，又不能摘掉口罩，自由受到限制，这种压抑是不利于效率的呈现的。

我们想让年轻人在新的组织形态下贡献自己的青春力量，有两个要素很重要：

第一，要么企业或者老板很厉害，员工因为主观能动性的作用，能量大增，自我意识会得到极大程度的发挥。

第二，企业有一定的方法让他的自我意识得到极大程度的发挥。

企业一定注意，要让员工觉得自己很厉害。企业如果满足不了上面这两个要素，员工就会变得压抑，感觉自己这匹千里马被关在笼子里，能力得不到发挥，导致工作效率、工作成果、创新方法等被极大程度地束缚了。

▪ 突破边界：社会化思维的组织建设

（1）组织必须能够突破社会化思维的界限

现在很多企业的边界感还是太强。社会化组织的发展，代表今天的组织建设已经到了一个新的阶段。这个新的阶段表现的特征就是要有社会化的思维。

我们现在的人力资源部或组织建设的相关部门，在这一点上的意识可能还是比较薄弱的。社会化思维的意思就是，企业能够有效利用社会上的力量来解决企业的短板，或者发挥企业的长板。现在很多企业只站在内部做组织建设，我认为这是有问题的，因为没有打开边界，形成社会化的组织效应，企业的发展必然受限。

比如钉钉这样的组织，就是充分利用了社会化的思维方式，极大加速了自身的发展。也就是把组织的边界打开，来达成社会化组织效益。再比如我们公司的集合大学，成功地招到了不少渠道共建者，使他们成为一批不需要我们发工资，不需要我们交五险一金，但在某种程度上干得比员工还拼命的人。如果你们公司有这样一批人，恭喜你们，因为你们公司也有了一定的社会化组织效应。

企业的组织建设要完全围绕社会化的组织效应展开。社会化组织效应，目的是表明组织能够应用社会上的个人或者圈子来实现组织目标。这是一个社会化组织效应的建设过程，我希望更多的企业能够明白这个理念。

另外，我们要把组织当成一个有生命的个体，可惜很多老板现在没有这种意识。企业的一个部门就像一个器官，当某个器官出了问题，哪怕器官本身不觉得自己有问题，但是组织以及领导一定要能第一时间感觉到。特别是如果 HR 也感觉不到，不知道哪里有问题，那就很难去推动组织的健康建设，很容易任由这种有问题的器官恶化下去。如果我们不对这个出重大问题的部门进行重大变革，就会导致其他器官同时出现衰竭，那么这个大的组织就会受到牵连，继而影响整个企业的生存与发展。

（2）创收是一切的根本

对企业来说，创收是一切的根本。我们公司最近也在不停地给员工灌输强调：没有创收就没有一切，创收才是硬道理。

基于此，我们公司也做了一个重大的组织变革，从 2019 年的 10 月开始，整个公司内部开始做个人阿米巴的组织建设。个人阿米巴的关键，就是能够核算到每个员工每个月的损益。我们公司每个员工一个月给公司挣了多少钱，累计亏了多少钱，都清清楚楚，这就是组织变革的魅力。

5

BLM 模型的战略执行：
人才管理

战略落地与组织变革的关键在于可靠的人

业务领先模型中的人才，除了我们常说的数量与质量以外，更为重要的是如何形成选、用、育、留的机制。判断企业是否存在人才优势，表面上是考验人才储备情况，实际上是考验企业的人才管理能力。但是，企业的经营管理者往往忽视人才管理的重要性，认为人才管理是人力资源部门的责任，才会造成人才战略和企业的业务战略相脱节，严重影响企业的战略落地。

■ 人才管理的三大核心

人才管理要确保对企业战略的承接，有三个核心点，分别是关键岗位识别、人才队伍盘点、人才战略制定。

首先，我们来讨论一下影响战略落地的关键岗位，关键岗位指的是直接影响年度关键任务执行的工作岗位。关键岗位的识别步骤是：

第一步，回顾年度关键任务，明确所对应的价值创造流程。

第二步，根据关键工作流程，梳理出每个流程所必须有的关键岗位。

其次，是人才队伍的盘点。组织在确认对关键任务落地至关重要的关键岗位后，要厘清当前公司内部人才队伍支撑关键任务的准备度，需要对相关的人才队伍进行盘点。人才队伍盘点主要包含描述人才与评估人才两个核心要素。

最后，是制定出可靠的人才战略。在进行过关键岗位识别和人才队伍盘点后，组织就可以根据现有人才状况和需要补充的人才状况，制定出符合组织要求的人才战略了。

关键岗位描述是指确定对关键岗位的要求，通常从知识、技能和态度三个维度描述，关键岗位描述也成为人力资源部门招聘、培训和发展人才队伍最重要的参考标准。确定关键岗位的描述后，需要匹配个人关键岗位评估来完成本次人才盘点，评估者可以采用的评估方法有很多，在 BLM 战略解码中，我们使用了一个非常简单实用的方法，就是根据关键岗位的描述，结合企业实际情况进行人才维度的评估。

人才评估的334模型是：愿力、能力、潜力。

其中，衡量愿力的三个维度是：

第一，对组织的发展充满信心。

第二，跟公司（老板）站在同一战壕，拥护公司的决定。

第三，情绪乐观正面，行为积极向上。

衡量能力的三个维度是：

第一，知识。

第二，经验。

第三，技能。

衡量潜力的四个维度是：

第一，拥抱变化。

第二，自身定位。

第三，个人梦想与目标。

第四，学习力。

■ 好员工才是公司最重要的财富

好员工才是公司最重要的财富，我们要把员工进行分类，区别对待。如美国通用电气公司赖以成名的271模型——20%

绩效飞轮

优秀员工，70%普通员工，10%落后员工；以及如今使用的361员工模型——30%超出期望的员工（奖），60%符合期望的员工（养），10%低于期望的员工（罚）。

这里再说说员工职业化的问题，我独创了职业化二十宫格评价模型（如图5-1），大家可以根据这个模型进行职业化定位。很多企业的员工职业化程度很低，主要原因是企业管理者和人力资源体系没有给他们清晰明确的职业化指引。

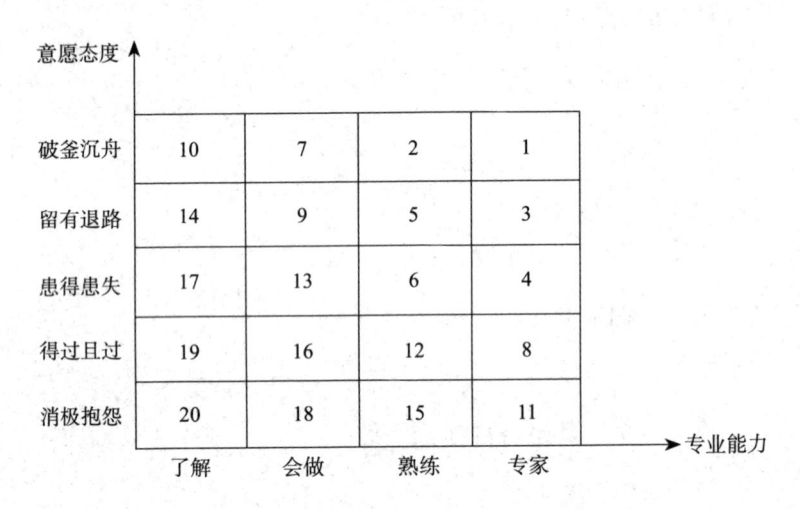

意愿态度

	了解	会做	熟练	专家
破釜沉舟	10	7	2	1
留有退路	14	9	5	3
患得患失	17	13	6	4
得过且过	19	16	12	8
消极抱怨	20	18	15	11

专业能力

图5-1 职业化二十宫格评价模型

5　BLM 模型的战略执行：人才管理

人才发展的数字化变革与应用趋势

■ 中国人才发展现状

2020 年被很多人称为"新生代元年"，因为已经有"00后"毕业走上工作岗位了。我们讲中国人才的发展现状，首先面对的必须是人口问题，因为人口问题已经成为中国一个非常严峻的问题。人口越来越少，代表的是每一个人越来越宝贵，相对应的，人力资源的管理也越来越困难。

现在每年毕业的大学生在 1000 万人左右，但企业还是很难招聘到合适的人才。一方面是部分大学毕业生的能力水平满足不了企业的需求。另一方面是他们中的很多人并不着急找工作，还有很多人选择灵活就业，或者把读大学时的副业变成主业。这就使企业的招聘越来越难，优秀人才也越难越被留住。

不要求"996"，一样市值1万亿

网飞刚创办时，面对着一个很强大的竞争对手百视达。网飞的创始人兼 CEO 小威尔蒙特·里德·哈斯廷斯（Wilmot Reed Hastings, Jr.）提出，希望百视达能收购网飞，结果遭到百视达的嘲笑和拒绝。

事情的发展总是充满戏剧化，到了 2010 年，百视达竟然破产了，但网飞的经营蒸蒸日上。谈到为什么能顺利发展时，里德·哈斯廷斯总结道，在网飞，没有休假制度，假期随意安排；没有报销手册，员工可以自由报销；支付顶级薪水，吸引所有有才华的人。这就是网飞倡导的自由与责任。

网飞的官方传记《不拘一格：网飞的自由与责任工作法》中也说到，每个人都知道流程和制度在管理中的重要性，一旦放弃的话，公司又如何确保日常工作的有序进行呢？网飞给出的答案主要有三点：人才密度、坦诚沟通、减少管控。

首先，人才密度已经是人力资源领域很流行的关键词了，所谓人才密度，就是优秀员工的比例。提高人才密度，就是

5 BLM 模型的战略执行：人才管理

提高优秀人才的比例。提高优秀人才的比例，无非就是两种方法：第一时间开除差的员工，尽量保证招进来的人是优秀人才。你不要把能力不强的人招进来，也不要把拖后腿的人留在公司。其次，企业内部的所有人都要坦诚沟通，出现问题或者有新的观点时，大家可以马上进行交流沟通，而不用瞻前顾后，也不用担心自己的意见会对职业发展产生什么影响，一切的沟通都是为了企业更好地发展。最后，减少对员工的管控。网飞其实是靠强大的数据资源在驱动组织管理，把员工全部纳入数字化的环境当中，数字会提供大量的信息，然后驱动员工去完成任务，这样流程规则自然少了很多。

这本书里还有一个我很喜欢的观点，就是：我们是一个团队，不是一个家庭。国内不少企业都把公司营造成一个家庭，都在弘扬家文化。家文化其实是一个很麻烦的文化，到最后往往把人力资源和老板变成了保姆，养了一帮永远长不大的员工。所以，把公司营造成家文化的公司，没有独立的商业人格，迟早会付出惨痛的代价。

郎平执教中国女排以后，对每一个队员进行了科学化的数字分析。打一场比赛，甚至换了几十次球员，之后她根据这种作战的数据分析系统来安排这场应该由谁来打，这个位置应该由谁来卡位。郎平对中国整个职业教练队伍产生了极大的影响，国家队中的很多教练开始使用数字化驱动的训练方式。

训练就是为了胜利。我们今天对于企业的每一个员工的要求也是一样，我们要教导他、训练他，就是要告诉他要创造价值，要有非常清晰的价值导向。

每一家企业都要用这样的方法来推动组织的发展、人才的发展。要让企业里的每一个员工都参与到这一场前所未有的企业发展当中。

《不拘一格：网飞的自由与责任工作法》中也说过，并不是所有的企业都适合自由与责任。到底选择自由与责任，还是选择规则与流程，书中罗列了以下几个问题，你可以问一问自己：

第一，在你从事的行业中，员工或者客户的健康和安全是否取决于按部就班的工作流程？如果是，请选择规则与流程。

第二，如果犯了一个错误，会导致灾难性的后果吗？如果是，请选择规则与流程。

第三，你是否在制造同质化的产品？如果是，请选择规则与流程。

如果以上这几点与你的情况都不太吻合，那么你可以选择自由与责任。我相信，未来越来越多的公司会选择自由与责任。现在包括错时上班、灵活用工、社会化协同等大量的人力资源实践，将人力资源管理带入了一个新的时代，我认为这种自由与责任的文化在中国是可以生根发芽的。我也相信越来越多的新生代员工会喜欢这种自由与责任文化，而不喜欢原有的规则与流程文化。当然了，我们追求自由与责任的环境塑造，并不见得要完全丢掉规则与流程，只要把握好孰轻孰重，有所侧重就可以了。

▪ 数字化人才发展趋势

数字化转型有三个阶段，分别是信息化、自动化、智能化。信息化是把所有的行为和结果节点，尽可能多地精心归拢、整理、分析。自动化是经过整理分析以后，再进一步地驱动组织和成员的发展。Office Automation（办公自动化，简称OA）就是自动化的概念。OA早在1980年就已经出现了，但是我们理解的协同型OA，是1998年推出来的。2005年以后，中国的OA进入第三阶段——知识型OA，当时的很多OA理论都有非常浓厚的知识管理性质。2015年以后，中国进入第四个阶段——智能型OA。

请大家注意，不是我们处于智能化的阶段了就可以丢掉信息化和自动化，因为这些都是叠加的形态。自动化阶段一定包含着前期的信息化。同样，智能化的阶段一定融合了前面的信息化和自动化。

我们现在正在飞速地进入智能化的时代，比如小米内部的人才管理，已经有80%的动作都智能化了。我们可以发现，小米已经在智能化的维度上做了很多努力。比如小米用大数据精准猎人，这是实现人才数字化的一个典型案例。雷军曾为找到一个资深的硬件工程师连续打了90多个电话，花了3个多月，用18次长谈换得一位理想人选点头，最终又因为对方一句对股份"无所谓"而忍痛放弃，因为对方要全额工资，不愿意放弃一部分薪酬来换股票，所以雷军决定果断放弃。在浪费了大把时间、经历过各种痛苦的感受以后，小米对人才管理智能化提出了更多的解决方法。譬如：

第一，招聘过程全公司都透明化，一张简历上的关键信息（籍贯、学校、上一家雇主等信息）都可以利用数据链接。

第二，通过对现有员工的大数据比对、筛查、分析，之后在获得新的简历的时候，就能分析出这份简历是否有逻辑对不上的地方，候选人的学历信息是否造假，哪个位置的人才更容易入职小米，等等。

第三，招聘系统必须支持手机连接，面试官必须可以随时随地看简历、做评价。当某个岗位的员工刚刚提出离职申请的时候，小米的招聘系统就能自动在人才库中找到合适的人才信息，直接推荐给HR，让HR提前做好准备。

我们还在拿"刀"的时候，人家已经处于用"大炮"的时代了，这就是维度的差异，人家在一个更高的维度上经营企业。中小企业要做到小米这种程度，我估计至少得5~10年。我们有时候到一些优秀的企业去参观，参观结束以后，一直在思考：我们中小型民营企业怎么追得上他们？如果我们对智能化的重视程度不够，那么未来的产业环境就会是非常严峻的。

我们再来看看拼多多。拼多多之所以能诞生3年达到3亿用户，各个维度势能不减，就是因为其立足洞察，立足多个维度形成的"结构洞"，从而沉淀出一种智能化的架构。拼多多之所以能够成功，主要与以下特质、能力有关：

第一，极强的开放及包容性。

第二，强大的用户行业洞察力。

第三，丰富的数字化与智能化能力。

第四，强大的组织力、执行力。

普通企业和领军企业，在以下六个维度上是有比较大的差异的：

绩效飞轮

第一个维度，提升全业务、全流程数据的透明度，普通企业只有 53 分，但领军企业有 87 分；

第二个维度，营销与销售的全渠道数字化，普通企业有 50 分，领军企业有 82 分；

第三个维度，巩固和提升企业供应链柔韧性，普通企业有 42 分，领军企业能达到 70 分；

第四个维度，打造"未来系统"及 IT 适应性，普通企业有 53 分，领军企业有 83 分；

第五个维度，以柔性组织发挥数字化人才能力，普通企业有 46 分，领军企业有 69 分；

第六个维度，培育务实敏捷的创新能力，普通企业只有 39 分，领军企业能做到 74 分。

我们可以看出，普通企业和领军企业之间存在巨大的发展差异，这就是核心竞争能力的差异。今天大量民营企业、中小型企业成长的艰难和对未来的诸多不适应，是因为其在上述维度中已经远远落后于领军企业了，压力是显而易见的。

小企业全数字化的成熟度指数，可以分为四个阶段：第一个阶段叫漠不关心，第二个阶段叫主动观察，第三个阶段叫积极挑战，第四个阶段叫游刃有余。我们又可以把小企业全数字化成熟度分为以下四个维度：战略和组织、流程与监管、技术、人才与技能。每一个维度都有对应的成熟度相应阶段的明显特征。不同的阶段所带来的产出和价值也是不一样的。

我们最终看到的数据结果，有非常大的对照性。比如漠不关心对比主动观察，所带来的销售额和工作效率的增加量大约是一倍。游刃有余比漠不关心又提高了一倍。所以提高数字化的渗透能力，能使组织和人才在销售额和工作效率方面有极大的提升。现在越来越多先进的公司正在利用各种各样的数字化工具和技术平台来提升整个公司的数字化成熟度。

■ 企业员工的敬业指数

员工敬业指数的高低对企业的竞争力强弱有很大的影响。因为标杆员工和明星员工对周边的辐射和影响力完全不同于普通员工。我认为现在国内的组织建设是一个"黑暗战胜光明"的时代，大多数的组织是被"黑暗"统治的。你有没有想过在你的公司里，牢骚满腹的员工多不多？背后骂老板的员工多不多？

数字化将有利于提高员工敬业度，因为它通过系统驱动加深度的数据分析，把员工纳入企业的数字化结构中，使员工可以轻松地通过各种数据信息得出自己的未来职业发展方向，并为之努力奋斗。企业如果想通过数字化提高员工的敬业度，有一个非常重要的前提，那就是得到老板的支持。比如，有些老板认为新员工入职以后就应该快速进入状态，哪怕进来一个经理，也应该是新官上任三把火，用最短的时间实现最大价值。这是老板的惯用思维形态。在实际的数字化组织里，新员工需要慢慢适应这个组织，要逐步适应企业文化，像一头小奶牛，你让他先吃草，不能马上挤奶，要等待他长大。等成长以后，他才会为企业带来丰厚的回报。

企业数字化人才转型方向

企业的数字化转型，有五种基本类型，分别是数字化营销转型、数字化运营转型、数字化产品转型、数字化服务转型、数字化人才转型。企业可以根据自己的数字化战略，选择其中一种或多种转型类型。

这里，我们重点聊一聊企业的数字化人才转型。它与人力资源密切相关。

人力资源的发展可分为以下三个阶段：

人力资源 1.0 阶段：人力资源行政管理时代。关注的是人力资源的行政管理，输出的是公平和公正。

5　BLM 模型的战略执行：人才管理

人力资源 2.0 阶段：人力业务和流程化时代。关注的是人力资源业务处理和标准化，输出的是工作效率的提高。

人力资源 3.0 阶段：人力资源数字化转型时代。关注的是经验和技能，输出的是交互，包括员工和企业的交互、人力资源部门和员工的交互、员工和经理的交互。

在人力资源的数字化转型阶段，我认为绝不仅仅依托于所谓的 EHR（人力资源信息化数字管理，可以说是 ERP 的一个模组，也可以说是一个独立但可以和 ERP 相容的小资讯系统。一旦导入 EHR，每位员工都能轻易地经由内部网络取得人力资源管理的资讯与服务，甚至可以上网更新自己的人事资料），因为它仅仅比 Excel 先进一点点。员工人数在 500 人以下的企业，用 EHR 都是懒惰思想在作怪。如果你们公司有 10 万个员工，用 EHR 还算有点作用。

企业数字化转型的新基建叫人力数字化，包括重塑数字化组织、人与业务的协同、智能化赋能员工等。这些都是属于人力数字化非常典型的要素。

数字化人才管理的机制内容很重要，我总结了一下，主要有以下四个方面：

第一，广泛深度的联结与协同。这里主要看你能否做到企业内外一体化的深度联结与协同。

第二，人才发展的赋能平台。主要包括数字化学习。

第三，面向个体与组织的激活。一要有氛围、文化，二是注重机制的锻造和数据的及时化。

第四，共生型平台化的组织建设。

以上列出的基础框架，构成了整个数字化人才发展的基本内容。在实践过程当中，企业要重视中台的作用，中台有一个很重要的功能，就是赋能所有相关部门，通过数据中台去驱动人力资源战略发展。

2020年以后，数字化学习成为年度关键词，强调关键岗位、移动学习、自主开发、业务场景，以及"平台+内容+服务"的一体化解决方案。数字化学习原先是头部企业的选择，但是从2020年开始，数字化学习渗透到中小型企业，很多企业开始全面启动数字化学习。

根据我们公司调研得出的数据来看，企业对数字化学习战略的重视程度与企业的规模成正比：人员规模大的企业，培训成熟度相对更高，拥有数字化学习战略的比例也更高。员工人数少于100名的企业，其中有21%有很清晰的数字化学习战略，有33%的企业数字化学习战略不够清晰，没有数字化学习战略的企业占比46%；员工人数在100~500名的企业有清晰数字化学习战略的比例反而降低了，仍有47%的

5　BLM模型的战略执行：人才管理

企业数字化学习战略不够清晰；员工人数在1000名左右的中小型企业，没有数字化学习战略的比例最高；员工人数在5000~10000名的企业，拥有清晰的全公司层面的数字化学习战略的，比例高达38%。

现在我们发现，很多中小企业老板在学习这件事情上，特别是在组织学习、团队学习这件事情上，越来越重视，花费的钱也越来越多了。员工人数少于100名的，在投入学习的企业经费方面，63%的企业是在10万元以内，但也有20%的企业是在10万元至15万元之间。

绩效飞轮

人力资源变革推动新组织赋能

■ 人力资源现状分析

随着时代的变化，人力资源管理不再是一成不变的，而是要进行相应的变革。在当下这个时刻，我们不免要思考下面这个问题：人力资源究竟该何去何从？

在回答这个问题之前，让我们首先看一下人力资源各模块的平均薪资构成情况（如图5-2）。

根据相关数据可知，2021年，基础人事岗位的平均薪酬是4800元/月。招聘岗位的平均薪酬是6750元/月。HRBP（Human Resource Business Partner，人力资源业务合作伙伴）

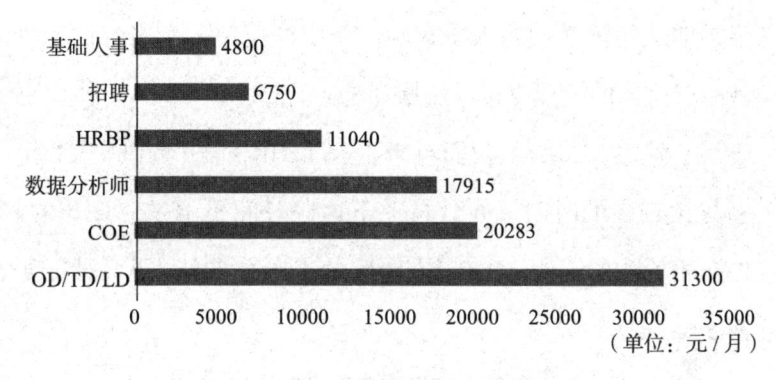

5 BLM模型的战略执行：人才管理

模块	平均薪资（元/月）
基础人事	4800
招聘	6750
HRBP	11040
数据分析师	17915
COE	20283
OD/TD/LD	31300

图 5-2　人力资源各模块的平均薪资对比

岗位的平均薪酬是 11040 元 / 月。这意味着，目前大多数民营企业的 HRBP 主要做的还是招聘工作，只不过是改了一个叫法而已，这可能也是 HRBP 薪资被严重低估的一个重要因素。在我看来，HRBP 的薪酬至少在 2 万 ~3 万元 / 月才算合理，这样才能体现出他们工作的价值。数据分析师岗位的平均薪酬是 17915 元 / 月。COE（Center of Expertise，人力资源专家中心）一般存在于大企业中，这个岗位的平均薪酬是 20283 元 / 月。最后是 OD（Organizational Development，组织发展专家）/TD（Talent Development，人才发展专家）/LD（Learning Development，学习发展专家），这两年这些岗位的薪酬比较高，平均薪酬是 31300 元 / 月。

从上面的薪资对比可以看出人力资源向上发展的清晰脉

络，即从初阶基础的人事招聘，到中间段位的专家咨询，再到高级阶段的资深专家，层层递进。

　　了解完了薪资，我们再来看一下HR一般会在哪些工作上花比较多的时间，并分析一下这些时间是不是应该花的。根据相关数据统计，HR最花时间的工作主要有以下几种（如表5-1）：

表5-1　HR最花时间的工作

HR最花时间的工作	百分比
根据公司战略对人力资源工作进行宏观调控	4.6%
企业文化建设	7.0%
培训：培训需求、培训计划、培训组织实施、培训反馈	7.4%
薪酬：薪酬方案设计、薪酬数据监测与分析	7.8%
绩效：绩效方案、绩效指标设计、考核数据收集、绩效结果运用与反馈	9.2%
制度维护：宣传、组织设计、流程优化	10.9%
员工关系协调、处理劳资纠纷	11.4%
行政琐事、考勤、报表、数据整理、档案整理、各项单据签字	20.2%
招聘：寻找简历、邀约、面试	21.5%

　　从上面的时间占比可以看出，大部分人力资源工作还停留在处理行政人事等常规工作方面，导致人力资源的工作价值被严重低估了。如果HR一直被困在这些相对基础的工作内容中，那么他们的人力资源管理水平是不可能得到提高的，

因为留给建设性人力资源工作的时间太少了，根本无法做到上接战略、下接民情，反而会在各种琐碎的事务中迷失自我。

在我看来，HR应该多花些时间去钻研如人力资源的战略性规划、文化建设、培训、薪酬、绩效等工作内容。这么做不仅对企业有益，能够帮助企业更好地实施战略、优化战略，而且对HR个人来说也相当有帮助。

据相关数据统计，2020年时全国有超过75%的HR月薪都在8000元以下。更为残酷的是，很多HR还面临着随时被"优化"和"组织结构调整"的命运。所以月薪8000元就是目前人力资源从业者的一道大坎，低于这个数，在企业里的位子就会不稳，随时都有被顶替的风险。为了让自己的位子坐得更稳，HR必须主动对自己的工作内容进行升级，多接触建设性人力资源工作，这样就会慢慢脱离单纯的行政人事工作，在企业里的位子也会越来越稳。

■ 云南某企业人力资源"十宗罪"

2020年上半年，在HR圈子里爆发了一件令人震惊的事，云南一家企业的CEO怒骂人力资源总监的邮件被到处刷屏。下面节选了邮件中的部分原文：

绩效飞轮

你所提交的报告，洋洋洒洒近百页，结构工整，图文并茂，让我看到了一个 HRD 该有的文字功底和系统化思维的严谨！说实话，我看此报告时滑动鼠标的速度比以往任何时候都要快，试图在字里行间找到一个 HRD 在公司危难之际提出的建设性意见！然而，终究我还是失望了！这个报告让我感到恐惧！让我感到悲哀！

我们所处的行业，受疫情影响最严重，春节档营业收入几乎为 0。到现在都不能复工，即使复工，恢复往年营业额也需要很长一段时间！在这个关系企业生死存亡的重要时期，我需要的不再是数字游戏！更不需要你那些花花绿绿的图表！我需要你从人力资源的角度告诉我，企业怎么可以活下去？！

总结来说，这家云南企业的 CEO 发的邮件的核心内容主要有以下两点：

第一，公司处于非常艰难的时期，虽然 HR 做了很多本职工作，但 CEO 觉得其中并无建设性建议，更无法解决问题。

第二，CEO 认为 HR 局限在自己的专业内以及事务型的工作中，并没有跳出来以业务视角来考虑问题。

5 BLM模型的战略执行：人才管理

站在CEO的角度来看，他考虑的主要问题是企业如何活下去，如何解决当前最严重的考验和挑战。所以他想要人力资源总监提供的不是各种数据，而是一些有建设性能解决问题的思路和建议。所谓建设性解决问题，就是站在系统的角度，来权衡多种价值创造者和分配者之间的博弈关系。显然，这位人力资源总监没有达到这个标准，所以CEO才在邮件中发了这么大的脾气。

后来这家企业的CEO在3月份的中高层例会上通报了"撤除人力资源部门"的决定，并列举了人力资源部门的"十宗罪"：

第一，人力资源职能同质化严重。

第二，人力资源部门不具备规划能力。

第三，HRBP是个伪命题。

第四，人力资源核心制度不是人力资源部门写的。

第五，"混乱"的工作方式大大降低了组织的效率。

第六，对法律一知半解。

第七，把招聘做成了数字游戏。

第八，文化是做出来的，不是感动出来的。

第九，培训本就不是人力资源职能之一。

第十，HR最终以社会认同谋求职业尊严。

其实，对人力资源有"意见"的人一直不少，比如托马斯·斯图沃特（Thomas W. Stewart）在《财富》杂志上提出"炸掉你的人力资源部"，用"炸掉"这个词，代表了他对人力资源的愤怒；基思·哈蒙兹（Keith H. Hammonds）曾在《快公司》论述"我们为什么恨 HR"；管理咨询领域巨头拉姆·查兰（Ram Charan）和任正非也都提出过"拆分人力资源部"。

任正非曾连发 006、007 号总裁办邮件，强调 HR 要注重绩效管理、组织激活，可以放弃部分平庸员工，其他事务性工作（如签证、人事……）应该逐渐剥离出去，不能"抓了芝麻、丢了西瓜"。

2018 年，任正非签发了总裁办的第 62 号文件《关于人力资源组织运作优化的讲话——任正非与总干部部及人力资源部相关主管的沟通纪要》。在这份文件中，任正非第一次对相关主管提出了拆掉人力资源部的想法，作为华为战略性人力资源工作的重点内容。在拆掉人力资源部以后，将原本的人力资源部权限一分为二，一个还是人力资源部，另一个是新成立的总干部部（如表 5–2）。总干部部的主要工作是进行干部的筛选、培养、考核，协调干部的建设。其他一些基础性的人力资源事务还是放在人力资源部来做。

表 5-2　华为人力资源部改革方案

	人力资源部	总干部部
关键词	建议、执行、监管、支撑	选拔、绩效、薪酬、股权
部门职责	负责新规则的建议、执行和监管，考核支持、员工招聘、全员学习与发展等人力资源专业支撑工作	重点管好后备干部的选拔、培养、考核、弹劾、配股、调薪、奖金评定等日常人力资源管理操作

为什么人力资源这么不受待见呢？因为老板觉得 HR 没有提出过有建设性的建议，只是做了一些招聘人事等基础工作，但这些工作过于简单，不能帮助企业度过危机，也不能帮助企业快速发展，所以 HR 才会被如此嫌弃。

因此，HR 一定要居安思危，时刻保有危机意识，除了把基础工作认真做好外，还要多花时间提高自己的战略思考能力和人力资源管理水平，这样才能在企业里站稳脚跟。

■ HR 在任何组织中都应该是二号人物

美国通用电气前 CEO 杰克·韦尔奇（Jack Welch）曾说："人力资源负责人，在任何组织中都应该是第二号人物。"但是杰克·韦尔奇选择的接班人杰夫·伊梅尔特（Jeffrey R. Immelt）并不是人力资源的负责人。后来有电视台请杰克·韦尔奇参加访谈，主持人问他："如果让你现在重新做一次选择，你还会选择杰夫·伊梅尔特做你的接班人吗？"杰克·韦尔奇的回答是："不会。如果让我回头做一次选择，我一定选择人力资源的副总裁作为我的第一序列接班人。你们知道我当年干了一件多么蠢的事情！"

在《赢》这本书中，杰克·韦尔奇这样定义HR：

第一，他们要拥有超出自己头衔和职位的能量。

第二，他们必须懂得公司业务，甚至清楚每一个细节。

第三，他们要知道各部门之间的关系，要看得到主线暗线。

第四，他们要知道公司内部各人员之间的关系（这是每家公司都有的无形的政治关系图）。

第五，他们熟知各个员工及其经历。

第六，他们要有正直的人品、不屈不挠的坦诚态度、令人信赖的品质、耐心倾听、敢说真相、强烈自信、解决争端。

以上是杰克·韦尔奇提出的他心目中的HR标准。HR想要成为组织中的二号人物，除了做好本职工作外，还需要在业余时间里多了解和学习有关人力资源的新知识。

比如，人力资源领域最近几年有一个很火的词——赋能。赋能源于西方积极心理学，意思是通过对环境塑造的改变，从而改变目标对象的行为。我认为人力资源可以分为两个角度：一个角度是to C，另一个角度是to B。大部分的人力资源从业者都是站在to C的角度展开工作的，而不是站在to B

的角度，即站在组织的角度、战略的角度、系统的角度来看待人力资源工作。

而赋能这个词可以为人力资源带来有关 to B 的角度和视野，帮助我们换个角度，重新看待人力资源工作。从薪酬、福利、奖励、激励等人力资源的手段，到赋能新的工具和对工作产生新的认知理解，有利于我们人力资源工作的提升。

对于赋能，我们主要从以下四个方面进行操作（如图 5–3）：

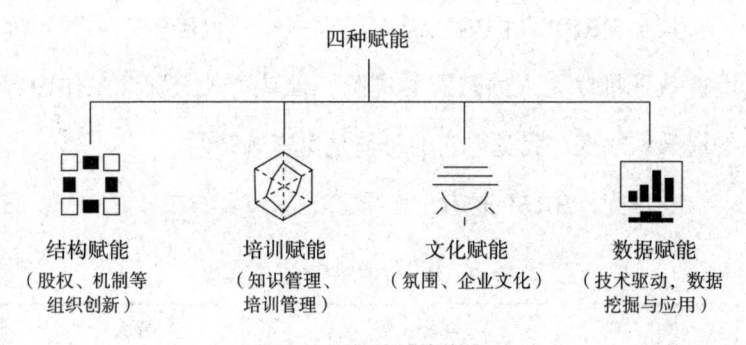

四种赋能

结构赋能（股权、机制等组织创新）　培训赋能（知识管理、培训管理）　文化赋能（氛围、企业文化）　数据赋能（技术驱动，数据挖掘与应用）

图 5–3　四种赋能方式

第一，结构赋能。

我们需要在股权、机制等组织创新上进行赋能。优化内部结构、内部机制，打磨游戏规则。

第二，培训赋能。

现在知识、技术等更迭速度越来越快，所以培训赋能会变得更加重要。

第三，文化赋能。

要着重进行团队建设，所以这两年团建越来越流行。

第四，数据赋能。

运用相关技术更为科学的处理数据，打造数字化的人力资源建设。

国内 HRBP 的三种成功模式

其实 HRBP 在国内已经火了很多年，也确实在某种角度上有效地推动了人力资源的进阶，推动了人力资源工作内容的提升和改变，我觉得它的价值是毋庸置疑的。

在华为，HRBP 是有三个层级的（如表 5-3）。

表 5-3　华为 HRBP 的三个层级

	职责	特点
一级 HRBP	带兵、沟通、响应、解决、报告	标准化、简单、重复
二级 HRBP	养将、规划、决策、控制、评价	个性化、多维度、多层次
大 HRBP	文化、干部管理、组织发展	保证团队持续战斗力

企业可以根据自己的实际情况制定出适合企业的 HRBP 标准，也可以像华为一样，列出不同的层级，按照每个阶段的发展情况选择相对应的层级，这样可以使企业人力资源工作顺利展开，对企业的整体发展也非常有利。

5 BLM模型的战略执行：人才管理

企业如果想要做人力资源体系建设，但还没有什么思路的话，可以参考国内做得比较优秀的企业，看他们是如何处理和解决这些问题的。目前，国内人力资源业务伙伴的三种主流方式，也是落地比较成功的三种模式，分别是：以阿里巴巴为代表的领导型，以腾讯为代表的产品型，以华为为代表的顾问型。

（1）领导型HRBP

阿里巴巴里这个岗位的名字叫HRG（Human Resource Generalist），也称HR多面手。以下是HRG的主要工作：

第一，对员工进行企业文化的引导和学习。HRG需要花大量时间对员工灌输企业文化、愿景、价值观。

第二，进基层，挖需求。要亲自到一线去，加强群众基础。除了解决现有需求外，还要主动挖需求，而不是被动地等一线员工提需求。

阿里巴巴对人力资源领导体系的要求如下：

首先，懂业务。不懂业务就无法与业务经理配合默契。

其次，提效能。不遗余力地提高团队人效产出。

再次，促人才。促进团队人才增值和成长。

最后，推文化。推动公司价值观和文化落地。

（2）产品型 HRBP

腾讯是典型的产品经理文化，一切为了用户，所以腾讯的 HRBP 也需要有产品思维，围绕用户体验来开展工作。除了做好每一个重点项目外，HRBP 还要有极强的营销意识，在内部推广 HR 产品，同时增加业务线对其工作的认可度。

腾讯的三支柱是 COE、SSC（Share Service Center，人力资源平台）、HRBP（如图 5-4）。

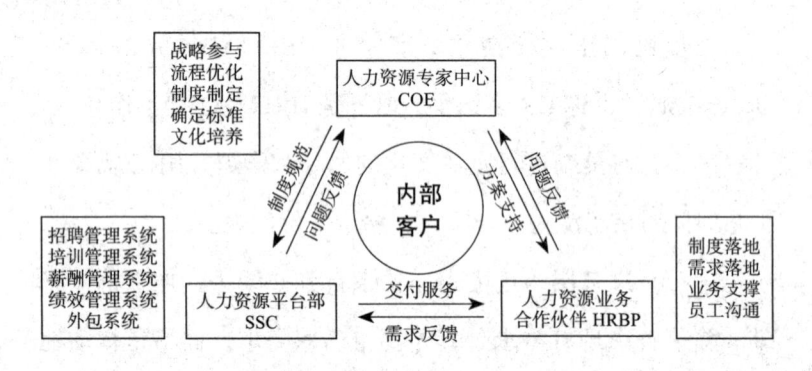

图 5-4　腾讯的三支柱之间的关系

（3）顾问型 HRBP（V-CROSS 模型）

华为对 HRBP 的总体要求是：服务组织的战略目标，实现组织和个人的共同成长。HRBP 要把业务部门当作客户来服务，所有的工作都是满足"内部客户"的需求。

5 BLM 模型的战略执行：人才管理

华为的 HRBP 有六大角色：战略伙伴、HR 解决方案的集成者、HR 流程运作者、关系管理者、变革推动者、核心价值观传承的驱动者（如图 5-5）。

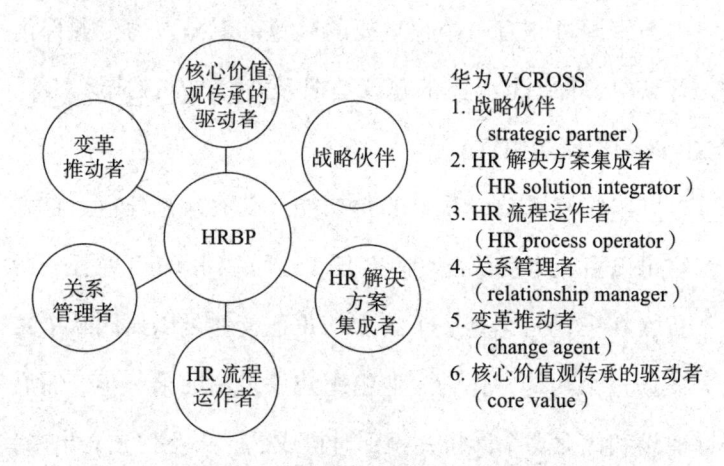

华为 V-CROSS
1. 战略伙伴
（strategic partner）
2. HR 解决方案集成者
（HR solution integrator）
3. HR 流程运作者
（HR process operator）
4. 关系管理者
（relationship manager）
5. 变革推动者
（change agent）
6. 核心价值观传承的驱动者
（core value）

图 5-5　华为的 HRBP 六大角色

由图 5-5 可以看出，华为的 HRBP 要求很高，那么，华为是如何选出合适企业的 HRBP 的呢？

第一，所有 HR 必须下放到业务部门锻炼至少半年，对所有的业务流程、关键节点要了如指掌。

第二，倾向于从业务部门选拔，通过人力资源培训认证上岗。因为业务部门的员工工作大多和外人打交道，而 HR 的工作也是和人打交道，所以二者有部分共通的内容。如果业务部门中有相关类型的人才，就可以尝试让他转岗，担任人力资源的工作。

■ 人力资源部消失，首席组织官崛起

人力资源进化有一个很重要的趋势，就是人力资源部消失，首席组织官崛起。我的建议是把人力资源部改成组织部，把 HR 改为首席组织官。

首席组织官，首先看重的是功能，其次才是角色。首席组织官可以由人力资源部经理兼任，也可以由 CEO 兼任，所以不要太在乎他是不是一个独立的角色，你可以先让某个角色去兼职这个功能，作为企业组织建设迈出的第一步，然后慢慢建设和优化这个岗位，等到时机成熟，再把他独立出来，找专人担任。

现在很多企业里的人力资源部都改了名字，比如组织发展部或组织发展与员工成长部，也有一些企业把它叫作 OT 事业部，就是 OD（组织发展）和 TD（人才发展）的合称，即组织发展和人才发展事业部。

这里需要注意的是，"组织"这个概念至少由几个系统构成。核心跟原有的工作内容都有区别，我们叫它"3+1"组织系统。

第一，任务协同系统。

5 BLM 模型的战略执行：人才管理

企业要有非常良好有序的任务协同系统，这也是人力资源工作的一个重要职能。

第二，人才与支持系统。

我们要打造人才与支持系统，这是组织系统的第二个重要内涵。

第三，文化管理系统。

文化管理系统包括企业的价值观、理念和行为规则。

第四，组织进化与干部系统。

这里包括了企业的干部建设，是从管理走向领导的组织进化系统建设。

命名即战略。请大家注意：命名变了，代表的内涵也就变了。比如人力资源部、人力资源中心，代表的就是人力资源工作。如果改名为组织部、OT 部、组织与人才发展部，其工作内涵也要跟着发生改变。

谷歌把人力资源部改名为 People Operations（人力运营部），代表着该部门的重点除了人力管理外，还要懂得运营。类似的还有华为拆分人力资源部，成立总干部部；爱彼迎把人力资源部改名为员工体验部；网飞把人力资源部改名为人才部；小米新设集团组织部和集团参谋部，等等。

所以，企业可以根据自己的实际情况，把人力资源部的名字调整一下，改得更贴合企业的发展方向，提高企业的战略能力，更好地为企业发展服务。

■ 干部与机制

企业组织建设发展的两大核心关键点，分别是干部和机制。

（1）干部

一家企业只要有 30 个以上的干部，就有必要对其进行职能和角色建设，因为这部分人才是企业最重要的人。中小型民营企业对这方面的重视度一直不够。这些企业里的人力资源部都在管招聘、人力行政、问题员工，却没有时间和精力管理干部，也不能给干部提供有效的帮助和支持，导致这些干部要么因为职业前景模糊而另谋高就，要么因为没有学习进阶的机会而泯灭众人，使企业白白浪费了人才，也耽误了企业做大做强。

企业一定要高度重视干部建设，把干部建设作为企业战略性组织发展的一个重要核心，因为干部就是已经被承认的人才。企业对已经被承认的人才都不重视、不关注，反而泛谈人才的概念，那才是对人才的最大侮辱。

干部的问题，日益成为绝大多数企业可持续发展的最大瓶颈。而那些有干部的企业，如果不及时跟进调整策略，改变管理方法，那么一样有可能对企业发展产生阻碍。比如，企业内不同部门的干部划分标准完全一致，导致有的干部真实水平比一般标准高，有的干部真实水平比一般标准低，这样也就难免会形成部门主义和官僚作风。而且，老一些的干部还会成为企业可执行发展的严重障碍，很多企业的变革、创新、转型、升级干不下去，很多时候就是被这些资历老的干部挡住了，这些老干部已经待在舒适区很久了，不愿意改变，也害怕改变，就会消极怠工，成为企业发展前进的绊脚石。所以，企业除了要重视干部培养外，还要重视干部年轻化的建设。

（2）机制

讲到机制，很多人容易和制度混淆。结果机制没有做，制度反而搞了一大堆。制度和机制的混乱，是组织建设的重大障碍之一。其实，简单来讲，政策就是激励机制，文件就是管理制度。

机制和制度是完全不一样的（如图5-6），机制是激励性的，是指"你做到了会怎样"；制度是约束性的，是指"你做不到或没做好会怎样"。现在很多企业面临的尴尬情况是：制

绩效飞轮

机制	制度
（不足）（激励）	（过度）（约束）
你做到了，会怎样	**你做不到或没做好，会怎样**
1. 店长分成机制	1. SOP 流程
2. 业绩竞赛机制	2. 财务管理制度
3. 绩效机制	3. 人事管理制度
4. 股权激励机制	4. 安全管理制度
5. 晋升机制	……
6. 授权机制	
……	

图 5-6　机制和制度的不同之处

度严重过度，而机制严重不足。企业想要做好组织建设，对机制和制度权重的调整已经迫在眉睫。

（3）海底捞的百万年薪徒、孙门店机制

海底捞的服务很到位，员工很热情，因为员工也是合伙人。海底捞实行的是孵化式的门店合伙制，员工享受单店1.2%的利润分红。在海底捞，门店店长权力非常大，他拥有门店的经营自主权，门店的员工聘用、折扣设计、个性化服务都由店长拍板决定。

从薪酬机制来看，店长薪酬与所管店铺的盈利状况挂钩，为基本工资加上所在店铺的利润的百分比。海底捞的原店长主要有两种薪酬方案可以选择（如图5-7）。

214

5 BLM模型的战略执行：人才管理

```
                    计划 A  →  获得所在门店利润的 2.8%
  原店长         ┌─ 获得所在门店利润的 0.4%
  薪酬选择方案 ─┤ 计划 B ─ 获得徒弟成店长所在门店利润的 3.1%
                  └─ 获得徒孙成店长所在门店利润的 1.5%
```

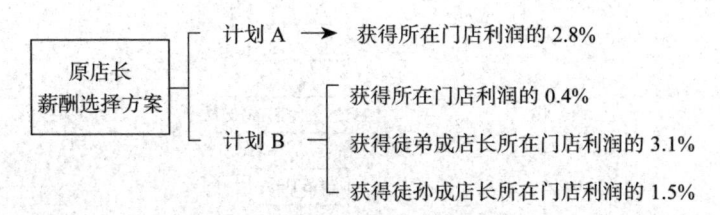

图 5-7　原店长的薪酬选择方案

计划 A：获得所在门店利润的 2.8%。这种薪酬方案适合能力一般、培养下属也一般的老牛型店长，能兢兢业业地把自己现在这家店面做好就可以了。

计划 B：如果店长除了能经营好店铺外，还能培养下属，带出新的店长，并且号召力很强，在人才发展上做得很到位，那么就可以选计划 B。获得自己所在门店利润的 0.4%，同时获得徒弟成店长所在门店利润的 3.1%，然后获得徒孙成店长所在门店利润的 1.5%。

下面，让我们分析一下海底捞的百万年薪徒弟、徒孙门店机制是怎么设计出来的（如图 5-8）。

原店长如果孵化出 5~12 个家族成员作为储备店长，再从储备店长中培养出店长 a、店长 b……店长 a 又孵化了 5~12 个家族成员，店长 B 也孵化出 5~12 个家族成员，然后又从这些家族成员中孵化出店长 1、店长 2……

假设一个店长培养出 20 个徒弟，20 个徒弟又培养出 400

绩效飞轮

```
                        ┌─────────┐
                        │  原店长  │
                        └────┬────┘
                             ↓
              ┌──────────────────────────┐
       徒弟   │    5~12 个家族成员       │
      3.1%×n  └──────────────┬───────────┘
                             ↓
                        ┌─────────┐
                        │ 储备店长 │
                        └────┬────┘
                     ┌───────┴───────┐
                     ↓               ↓
                 ┌───────┐       ┌───────┐
                 │ 店长 a │       │ 店长 b │
                 └───┬───┘       └───┬───┘
       徒孙    ┌──────────────┐ ┌──────────────┐
      3.1%×n² │5~12 个家族成员│ │5~12 个家族成员│
              └──────┬───────┘ └──────┬───────┘
                 ┌───┴───┐         ┌───┴───┐
                 ↓       ↓         ↓       ↓
              ┌────┐  ┌────┐    ┌────┐  ┌────┐
              │店长1│  │店长2│    │店长3│  │店长4│
              └────┘  └────┘    └────┘  └────┘
```

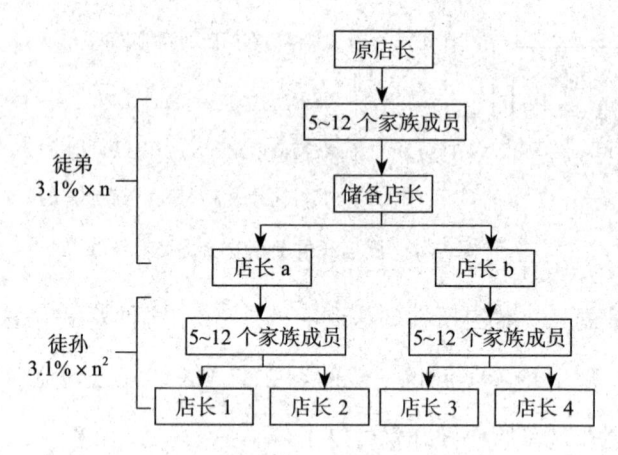

图 5-8 海底捞的百万年薪徒弟、徒孙门店机制

个徒孙，那么这个店长就能获得每个徒弟门店 3.1% 的利润，20 个徒弟合计相当于一家门店 62% 的利润；同时还能获得每个徒孙门店 1.5% 的利润，400 个徒孙合计相当于一家门店 600% 的利润。综上，这个店长可以得到相当于一家门店 662% 的利润，即相当于 6.62 家门店的总利润。

我通过对海底捞百万年薪徒弟、徒孙门店机制的研究和分析，发现海底捞有两个方面的工作做得很优秀：第一，人力资源体系足够强势；第二，机制设置得非常灵活。而且机制的设置和干部的培养是相辅相成的。正因为有了这样的薪酬机制，海底捞的店长人才才能生生不息，这就是机制大于制度的伟大之处。

（4）西贝餐饮的合伙人计划

西贝餐饮（以下简称"西贝"）的创始人贾国龙曾说过："员工第一，顾客第二，领导第三。"可以看出，西贝对员工的重视程度很高。西贝实行的是创业合伙人制，每家门店分部占40%的股份，作为总部绝对大股东的贾国龙夫妇公开承诺带头向下分利，每年拿出自己50%以上的分红用来发奖金。此外，贾国龙还给分部老板、总部高管立下规矩，年收入超出1000万元的部分，要拿出其中的50%，用来激励自己团队里的各级奋斗者。这其实也是往下分利，让头部的大股东少得一些，让底下的员工多得一些。

所以，西贝的"合伙人计划"＝创业分部＋赛场制，总共分成了15个创业分部，有的分部年营业额甚至超过了10亿元。

创业分部：以每个分部的总经理为核心创建，甚至分部的名称也以他们的名字命名。西贝的每一个创业团队都属于合伙人，拥有分红权。

赛场制：为了鼓励内部竞争，西贝总部会对创业分部每年发放"经营牌照"，通过利润、顾客评价等指标的考核进行"全国大排名"。西贝总店会收回那些排名靠后团队的经营牌照，之后再发放给新成立的创业分部，以此来把控门店扩张的速度和品质。

具体来讲，在创业团队的店里，总部占 60% 的股份，创业团队占 40% 的股份，但并不是每个团队都有资格开店。另外，创业团队还要按季度进行比赛并排名，具体分为 A+、A、B、C 四个等级，获得四个 A 才能换一张牌照，一个 A+ 相当于两个 A。每年西贝都会组织一个考核团队，深入到门店中进行多种标准的考核。考核过后，西贝会将所有的门店进行排名。对于排在后 30% 的管理团队会被西贝收回经营牌照以及相应的股份。但并不是说这些排后的团队从此就"下岗"，而是西贝会将这个团队打散，把人员重新分配到其他的团队中去，获得新的股权。

西贝这种把牌照制和创业制相结合的机制设计，是典型的利用机制驱动组织发展的形式。虽然西贝的激励规则比较简单，但是呈现出的效果特别好，值得中小企业学习和借鉴。

（5）小米的创业者计划

当年，小米的"八大金刚"合伙创办了小米，后来其中三人离职，到 2020 年 8 月 16 日，小米又新增了四位合伙人。而新加入的这四位合伙人，还进行了隆重地宣誓。

以下是小米合伙人誓词：

5 BLM 模型的战略执行：人才管理

我宣誓：成为小米合伙人，我将践行小米使命，捍卫小米价值观，始终保持创业心态，恪尽职守，积极工作，勇于担当，以实现公司愿景为己任。珍惜公司声誉，绝不辜负用户和股东的信任，为实现小米的梦想而努力奋斗！

在小米，除了合伙人机制外，还有一个很厉害的机制，那就是创业者计划。创业者计划选拔的具体标准是：小米将选拔百位认同小米使命、愿景、价值观，有能力、有潜力，并且在核心岗位有突出战功的年轻干部，给予类似早期创业者的回报，激励他们以创业者的心态和投入度奋斗。在股权激励方面，小米一开始预留了 15% 的员工激励股权池，后来又提高了比例，希望能吸引更多的人才加入。所以，小米的员工有以下三个不同的选择方案：

第一，正常市场行情的现金工资，没有股份。

第二，员工自己选 2/3 的工资，然后拿一部分股票。

第三，员工自己选 1/3 的工资，然后拿更多的股票。

据小米自己的统计，有 70% 的员工选了第二个方案，有 15% 的员工选了第三个方案，另外 15% 的员工选了领取现金工资，不要股票。后来小米上市，选了第一个方案的员工真的是要欲哭无泪了。而选了第三个方案的员工，因为拿到了更多的股票,所以赚得盆满钵满,当时全部成为千万元户。

小米的创业者计划成为其持续拥有一流人才的重要保障,机制再一次起到了重要作用。小米的成功给了我们两点重要启示:第一,花足够多的时间找人,至少要占工作时间的70%;第二,把企业现有的产品和业务做好,展示未来的发展空间和现金,筑巢引凤。

6

BLM 模型的战略执行：
文化与氛围

6 BLM 模型的战略执行：文化与氛围

文化与氛围对企业绩效的影响

　　文化与氛围的模块代表了企业内部团队和组织的主导态度与行为。

　　如前所述，企业在确定了新的战略焦点之后，梳理出的关键任务需要组织的各种能力进行支持。如果正式组织是决定关键任务落地顺不顺，人才队伍是决定关键任务能不能执行的话，那么文化与氛围就决定了愿不愿的问题。

　　企业的文化与氛围对绩效的影响其实非常显著，一些知名的咨询公司曾专门做过"组织文化氛围对绩效影响"的调查，结果显示，文化与氛围对企业绩效的影响程度达到了28%。所以，企业一定不要忽视文化与氛围，并尽可能让其成为企业战略落地的有力保障。

闻出团队味道的方法

■ 衡量组织文化的两大维度

对组织文化的测量并不难，通过 OCAI（Organizational Culture Assessment Instrument，组织文化评价量表），企业就可以知道自己内部的文化氛围如何了。

OCAI 是美国密歇根大学商学院的罗伯特·奎恩（Robert E. Quinn）教授和凯斯西储大学商学院的金·卡梅隆（Kim S. Cameron）教授在研究组织文化的基础上开发出来的，是测量组织文化的有效工具。他们以及团队通过大量的调查研究和数据统计总结出了衡量组织氛围的两大维度：

第一个维度，是组织文化的内外部导向性。

第二个维度，是组织文化的稳定程度。

文化氛围的四大类型

根据上面的两个维度，我们可以将组织文化氛围划分为四大类，分别是团队文化、创业文化、层级文化和市场文化。

第一，团队文化氛围。组织氛围和谐，领导者被认为是导师甚至是家长的角色。组织内承诺度极高，整个组织因为忠诚和传统凝聚在一起。组织强调长期福利和员工发展，重视团队合作、参与感和共识。

第二，创业文化氛围。组织内部充满活力，倡导创业精神和创造力，员工愿意冒险，领导通常富有远见，愿意革新并为此承担合理的风险，整个组织因为创新与尝试凝聚在一起。组织强调先进的产品和服务，随时准备迎接挑战。组织在长远期重视快速发展和获取新的资源。

第三，层级文化氛围。组织内部制度非常正规，有明确的层级和架构，组织根据具体的流程、条款管理员工的工作，领导作为好的协调人和组织者，维持组织顺畅运行，整个组织因为规章制度和政策凝聚在一起。组织强调重视长期的稳定性、可预测性和效率。

第四，市场文化氛围。组织以结果为导向，领导通常是努力自驱的贡献者和竞争者，并且往往高标准、严要求，整个组织因为赢的信念凝聚在一起。组织强调重视有竞争力的举措和达成目标。

■ 调试组织氛围的四个杠杆

为了使组织的文化氛围更好地支撑起公司的战略，或是通过测试发现组织文化氛围存在明显的缺陷和不足时，企业是否有办法调试组织的氛围呢？答案是肯定的。在BLM业务领先模型中，我们通常会用以下四个杠杆来撬动企业的文化和氛围。这四个杠杆分别是：

第一，参与。提升组织内员工和团队的参与度，加速组织氛围的调整。

第二，领导力。针对中高层管理者或者特定人群，为他们设计专门的领导力发展项目，来改变当前的组织氛围。

第三，信息和沟通。确保公司内信息互通，加强组织内部信息传递和沟通效率。

第四，奖励。用正向的激励促使员工主动尝试做出组织期待的行为表现。

当然，文化氛围没有绝对的好坏之分，只有合适与否的区别。每家企业的定位不同，领导作风不同，展示出来的文化氛围肯定也有不同的倾向性，有的企业更倾向于团队文化的氛围，有的企业更注重市场文化的氛围，这都是正常的，企业完全没有必要照抄知名企业的文化氛围，只要选择了适合企业的文化氛围就可以了。

文化建设四步法

企业文化建设四步法,分别是:文化梳理与提炼,文化形象与表现,文化宣传与考核,文化持续与升华(如图 6-1)。

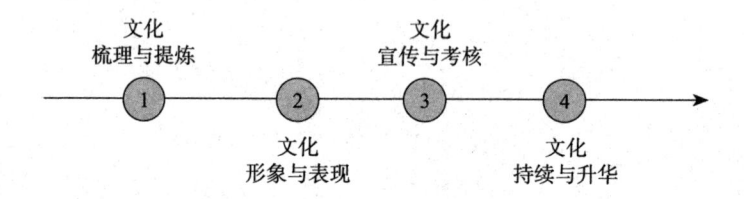

图 6-1 企业文化建设四步法

■ 企业文化梳理与提炼

内容包括:谁来做企业文化,企业文化梳理,企业文化提炼，核心理念提炼（愿景、使命、价值观），企业文化的"动物性格"，企业规章制度设计，企业标语口号设计，企业行为作风设计。

对企业文化进行梳理时，企业要重点对企业文化的三个核心要件进行分析和提炼，分别是（如图6-2）：

第一，愿景，对应的是企业。

第二，使命，对应的是客户。

第三，核心价值观，对应的是团队。

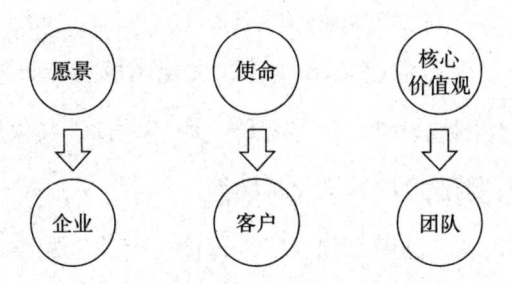

图6-2 企业文化的三个核心要件

企业文化的"动物性格"。正在持续成长的企业，尽管战略和运营总在不断地适应外部世界的变化，但始终是相对稳定的核心理念在决定其命运。这犹如动物长期形成的秉性——决定了它将怎样直面自然界的挑战。

企业规条——企业的高压线。每家企业都有自己的"天条"及规章制度，企业中的任何人触犯其一，都要受到惩罚。这些条款详细规定了员工该做什么、不该做什么，就好像是标明了危险的"高压线"——令行禁止，制度无情。如果有不信邪的员工非要去碰一碰，那么，就算碰得"头破血流"也怨不得别人，只能慨叹咎由自取。

■ 企业文化形象与表现

企业文化的表现，具体可以分成内部表现和外部表现两种。

内部表现：企业 logo 设计、文化图腾（吉祥物）、环境设计、文化园地设计、口号标语、服装设计、文化用品设计、文化手册、企业歌曲、文化视频等。

外部表现：品牌文化、广告宣传、产品包装等。

■ 企业文化宣传与考核

企业文化的宣传方式主要有：企业文化活动、企业关键仪式、企业文化动作、文化培训和开会、员工关怀、客户关怀、企业家的演讲口才等。

企业文化的考核，主要是对上面各种宣传形式的效果进行评估和总结分析，以便日后有新的宣传需要时可以扬长避短，使企业文化的宣传效果达到最大化。

■ 企业文化持续与升华

企业文化持续与升华的主要内容包括：企业文化阶段性评估、企业文化传教士机制、企业文化关键词工程、企业梦想工程、企业故事工程。

企业领导者如果想让企业文化得到有效的持续和升华，可以从了解最基本的情感——快乐、爱、恐惧、悲伤——开始，着手管理情感文化。

创建情感文化的方法是：

第一，控制既有情感。

第二，将你希望培养的情感模式化。

第三，不断模拟推演，直到让自己感受到为止。

不管是什么类型的企业，都应该对企业文化进行良好的管理和改善，甚至要有意识地按照一定的方法、步骤去实施落地，让企业文化真正走进企业每个人的心中，激励他们为了企业共同的理想而努力奋斗！

7

BLM 模型的战略准则：
领导力和价值观

7 BLM 模型的战略准则：领导力和价值观

我之所以把 BLM 业务领先模型中一上一下的两个部分叫作钥匙环，是因为领导力与价值观是企业战略的根本和保障，是企业的灵魂所在。领导力和价值观不是听课就可以听明白的，因为它们是企业在实际业务打拼过程中不断通过体验和感悟沉淀下来的精华。所以，同企业文化一样，每家企业的领导力和价值观也都不一样。

领导力

■ 领导力的内涵

具体来说，领导力的内涵包含以下两方面的内容：

第一是领导素质，是指领导者展现的特质、行为倾向和能力水平。

第二是管理风格，是指领导者在管辖任务和人员范围内进行计划、组织、激励、掌控时展现出来的行为特征。

企业的转型和变革，从根本上说是企业领导力的进化与蜕变。我们通常把领导力分为五个层级：最低层级的领导力，是由职位/权利带来的，大家跟随你，可能是因为他们必须这么做；第二个层级的领导力，是由良好的个人关系带来的，从这个层级开始，大家自愿选择跟随你；第三个层级的领导力，是由你的成绩和对组织的贡献带来的，大家因为对你的认同而跟随你；第四个层级的领导力，大家跟随你是因为你帮助了他们成长和发展，我们将其称为薪火相传；最高层级的领导力，是由尊重带来的，大家追随你，是因为你的品德、为人、能力和你所代表的目标和理想。可以看出，领导力只有在格局方面不断提升，才能带来一家企业在版图上的不断发展。

■ 成功领导力的风格

领导力风格有多种分类方法，比较常见的是将其分为命令型、愿景型、和谐型、民主型、激励型与教练型。领导力风格没有好坏之分，只是适用于不同的情境而已。因此要因时、因事、因人而异，包括员工的技能和经验、员工的绩效、工作任务的性质与复杂程度、时间压力，以及可利用的资源，等等。而且，企业的领导力风格也有必要随着企业转型的需要而进行相应的调整和改变。

我们在领导和管理公司或团队时，不能用一成不变的方法，而要随着情况和环境的改变及员工的不同，主动改变自己领导和管理的方式。所以，管理者要根据情境改变自己的管理风格。这里的情境，指的是员工的能力和意愿：能力是指是否具备完成特定任务的知识、经验和技能，意愿代表完成一项特定任务所拥有的信心、承诺和动机。这里的管理风格，指的是试图影响别人的行为模式。

一个成功的领导者，应具备以下两个基本条件：

第一，是领导的有效性，即领导者的行为是否有利于工作。

第二，是对领导的满意度，即领导者的行为是否为下属所接受，能否起到激励作用。

■ 情境领导理论

情境领导理论就是使领导行为既是有效的，又是令人满意的。因此，情境领导理论下强调的领导风格由任务和关系两个维度组成。任务包括指导下属设定任务目标、流程和方案等，这时下属只是将想法付诸实现的人，领导才是真正的问题解决者。关系则是一种双向沟通的方式，此时领导关注下属的感受，对下属征询建议、倾听意见、分享信息、表扬鼓励等，提高下属的满意度，促进其完成任务。

情境领导理论就是将上述两个维度——任务和关系纳入特定的情境中。前文提过，特定的情境指的是下属的准备程度，即下属的能力和意愿。

（1）S1 低任务—低关系风格

这是一种典型的"吩咐式"风格，领导者明确地指导员工完成任务，并全程给予严密监督，仅用很少的时间去维护关系。它适用于能力发展水平较低的员工（R1）。这类员工无法独立完成工作任务，缺乏安全感和信心，对任务的能力和意愿都偏低。例如，新入职员工，由于转岗、升职而刚刚担当新角色的老员工等。这带给企业的启示有：

第一，对新入职员工，领导者可以选用偏独裁式的领导风格，单方向命令他们如何做事。这个过程不仅可以使任务顺利完成，也会帮员工建立信心。反之，新员工如果缺乏指导，无法完成任务，不仅业绩不佳，心理压力也较大，容易造成不良影响，如离职等。新员工的快速离职，不仅浪费了招聘资源，也浪费了企业前期的培养资本，对企业和员工来讲都是一次失败的经历。

第二，对于转岗或升职而担任新角色的老员工，不要因为对其过度信任而缺乏指令。老员工虽然对公司已有一定的了解，但对新角色所要承担的新任务依旧有盲区和短板，领导者需要投入足够的指导，帮助他们适应新的角色，成功转型。

（2）S2 高任务—高关系风格

这种风格既要关注任务是否完成，又要关注员工的发展需求。它适合能力发展水平在中等偏低阶段的员工（R2）。员工对于如何完成任务已经有了一定的认知，重复任务造成的知识积累让他们更加自信，这时的他们开始提出自己的观点和建议，在完成任务时希望可以做到更好。

这带给企业的启示是：针对这类员工，领导者要投入比其他人更多的精力。不仅要在任务上给予足够的指导和监督，还要在精神上拉近与他们的距离，倾听他们的建议，与他们分享信息，有问题要尽力澄清，使他们了解，让他们逐步巩固自己在组织中的角色，输出高质量且稳定的业绩成果。

（3）S3 低任务—高关系风格

这是一种"鼓励支持"的风格，领导者不需要花大量的时间去指导具体工作，但是要维护与员工的关系。它适合能力发展水平在中等偏高阶段的员工（R3）。领导者可以将少量的任务或流程的控制权交给员工，促进问题的解决，仅在其需要的时候给予指导。这个阶段的员工对于各项任务比较熟练，重复的任务开始让他们感觉枯燥无聊，工作意愿下降。

领导者要擅用倾听、表扬、分享、鼓励等方式来强化员工的参与感，提高其意愿水平。

这带给企业的启示是：当员工已经掌握了在某一领域解决某一类问题的能力时，会对环境产生疲劳，且有能力跳槽。为了避免这类中坚劳动力的流失，维护关系在这里显得尤为重要。领导者要建立与员工之间活跃又稳固的关系，让他们充分意识到在这个组织里受到高等级的重视，并与这个组织产生情感上的联系和承诺，心无旁骛地在组织里持续工作下去。

（4）S4 高任务—低关系风格

这是一种"授权"的领导风格，领导者会较少地参与任务计划制订和流程细节管控，只要与员工达成共识，就会放手让其独立去完成任务，也不需要花费大量的时间来维护关系。这类领导风格适合能力发展水平在较高阶段的员工（R4）。这些员工表现优异，领导者完全可以放心将任务交给他们。对于这类员工来讲，现阶段留在公司继续发展，下一步就是升职到新的岗位级别上，所以他们对工作的意愿度也是足够的。

这给企业带来的启示有：在职场中，我们经常会看到有些员工明明已经达到了能独当一面的水平，甚至某些能力超过了上级，但在组织内还是没有发言权，只能听从上级指挥，丧失自主能力。长此以往，他们对工作的热情会被削弱，甚至消失殆尽。如果企业内部迟迟没有提拔的意愿，他们对待工作的态度就会更加消极，情节严重的甚至会与外界联手，打压本公司业务，造成极差的影响。所以，对能力和意愿度都非常好的员工，领导者一定要给员工较大的自由，让他们充分发挥自我价值，积极投入到工作中，为企业的发展贡献自己的全部力量。

以上是对情境领导理论下四种领导风格的分析以及对企业管理方面的思考。随着员工能力与意愿的改变，上级的领导风格也要改变，这有助于获取较高的生产力和士气，最终顺利完成企业目标。合适的领导风格可以将员工带入新的阶段，并使员工在不同的发展阶段都可以最大化地为企业贡献力量。而领导者本人在管理上的有的放矢也能避免无效地消耗过多精力，同时可以提升自己在组织内部的满意度。情境领导理论的使用，主要包括三个步骤：

第一步：明确谁在做什么。

第二步：判断他做这件事的准备程度。

第三步：选择合适的领导风格进行匹配。

7　BLM 模型的战略准则：领导力和价值观

企业的价值观——保持初心

企业价值观在某种程度上，可以理解为企业的初心，也就是一家企业存在的意义。企业从创立之初，就要在内部明确规定什么是对的，什么是错的，什么是我们追求的，什么是我们坚决不允许出现的。初心不变，才更能够将团队凝聚在一起。因此，对价值观，我们更强调的是传承，而不是改变。

随着外部环境和企业自身的变化，随着一代又一代企业人员的更替，员工对价值观可能会逐渐产生一些误读。因此，企业必须在传承的过程中注意顺应时代发展，不断更新对价值观的解读。

绩效飞轮

这种对价值观的创新，并不是对核心观点进行改变，而是在新的时代背景、新的环境下，让价值观回归到本来的含义上。回归初心，才能重新出发。

前文讲到，领导力和价值观都是企业战略的钥匙环，把企业战略的三把钥匙（企业差距、领先战略、领先执行）串到一起，才能使企业战略有效落地，帮助企业得到更好的发展机会。

第一把钥匙叫企业差距。企业差距又分为两种。第一种差距，企业会感知得比较明显，那就是和行业内优秀企业的实际业绩差距，因为看得清清楚楚，所以它会激励企业主动改变，并不断前进。第二种差距，可能企业在感知上没那么明显，但企业会看到市场的变化所带来的新机会，如果企业在模式上有所创新，就能形成新的发展空间，这就叫机会差距。从本质上说，正是业绩差距和机会差距驱动着企业所有的创新和改变。企业要永远保持危机感和不满足才行。

第二把钥匙叫领先战略。领先战略最终体现在业务设计的创新上，而业务设计的创新在根本上是由于市场趋势的变化、企业格局版图的改变，以及企业在不同方向上主动寻找创新焦点所形成的改变。有了这个改变，企业的目标才能得以实现，如果企业想要有一个十倍于作战半径的扩展目标，

7 BLM模型的战略准则：领导力和价值观

那么就需要一个新的业务设计进行充分支持。

第三把钥匙，叫领先执行。领先执行的关键在于：第一，要找到战略落地的焦点，也就是必须的战略行动；第二，让企业的正式组织、人才管理和文化氛围都围绕着战略的焦点发生改变，在组织能力上进行全面支持，这样才能做到"力出一孔"。

而将三把钥匙串在一起的钥匙环，就是上面谈到的领导力与价值观。华为在领导力和价值观方面做得特别好，一直在坚持做自己，因为有一个坚定的初心，因为自己肩负的独特使命，所以华为能够在学习其他优秀企业的同时仍不忘初心，真正把其他企业的优秀理论为己所用。这就是钥匙环带来的力量！